자소서를 요리하라

자소서를 요리하라

심영섭 지음

HU:iNE

머리말

　다음은 1년 전 서울에 소재한 유명사립대학교 학생이 상반기 공채의 지원과정을 끝내면서 제게 보냈었던 메일 내용의 일부입니다.

　「선생님, 정신없이 서류를 작성하던 시기가 지나고 어느덧 채용시즌이 거의 끝나가고 있습니다.
　저는 그동안 여러 군데를 지원했습니다만 아쉽게도, 약 20곳에서 서류가 탈락했고 SK 네트웍스 패션 부문 단 1곳만 서류가 통과되었습니다.
　공채의 벽은 참으로 높다는 것을 다시 한 번 실감했네요.
　그래서 평소 관심 있던 곳으로 눈을 돌려 갤러리에 지원하였고, 작은 규모의 갤러리지만, 전시기획 분야로 일을 시작하게 되었습니다.
　처음에는 작은 규모에 마음이 걸리고 지금까지 공채를 준비했던 것도 아쉬워서 다른 곳을 같이 준비할까 했지만, 계속 서류에서 탈락하는 것을 보고는 그냥 이 분야에서 시작하기로 마음을 결정했습니다.
　그동안 제가 탈락한 회사와 직무에 합격한 합격자들의 스펙을 면면히 살펴보면 몇 가지 이외의 점에서는 저와 그다지 차이가 없더라고요.

-----(중략)-----

　물론 자기소개서에서 어떻게 풀어냈는지도 중요한 요소로 작용했을 수도 있겠습니다.

　　아직 일을 시작한 지 얼마 되지 않아 저도 어떻게 될지 확신할 수 없지만, 우선 저의 상황을 이렇게 말씀드립니다.
　　그동안 어려운 가운데서도 격려해주시고 지도해주셔서 진심으로 감사드립니다.」

라는 내용의 메일을 확인하고, 이 학생에 대한 안타까움에 며칠 동안 많이 힘들었던 기억이 있습니다.

　　위 학생은 도대체 이유가 무엇이었을까요?
　　서울 소재 유명 사립대학교 졸업, 900점 이상의 토익점수, 4.0 이상의 학점, 심지어는 3개 과목을 복수전공까지 하였습니다.
　　하지만 21곳의 서류전형에서 단 1곳만 통과한 결과, 20곳은 면접조차 볼 기회를 얻지 못했던 이런 상황은 저를 더욱더 당혹스럽게 만들었습니다.

　　그때부터 저는 좀 더 전략적으로 취업컨설팅을 하리라 다짐하였고, 이후부터 약 6개월간 제가 1:1로 컨설팅했던 500여 명의 학생들 중 대기업, 공기업, 외국계 기업, 중견기업 등 다양한 기업에서 서류전형을 통과한 학생들의 자기소개서를 분석하기 시작했습니다.
　　이와 동시에 고스펙을 가진 지원자임에도 서류전형에서 불합격한 학생들의 자기소개서뿐만 아니라 스펙이 다소 부족하더라도 합격한 학생들의 자기소개서까지 면밀하게 검토하면서 그 원인을 찾아보았습니다.
　　그 결과 "자기소개서는 요리(cooking)다." 라는 결론을 내리게 되었습니다.
　　자기소개서란 요리를 어떻게 맛있게 조리하는지에 따라 당락이 좌우된다는 것을 알게 되었습니다.

이후 저는 철저하게 분석한 결과를 바탕으로 도출된 "맛있는 요리를 조리하는 비법"을 지금까지 약 6개월간 실제 기업의 지원 시 자기소개서 작성에 적용해 보았습니다.

놀라운 결과들이 발생하기 시작했습니다.

서류전형의 통과율이 현저하게 높아졌고, 심지어는 상반기에 탈락한 자기소개서들을 약간의 데코레이션, 즉 형태만 바꾸었는데도 다수의 대기업 서류전형에 통과하는 결과도 나타났습니다.

본 도서는 취업을 간절하게 희망하는 취업준비생들에게 좀 더 실질적인 도움을 주기 위해 썼습니다. 철저하게 합격한 자기소개서를 바탕으로 분석하고 또 분석하여 요리법을 만들었고, 그 요리법을 지원자의 자기소개서 작성에 직접 적용해 실제 합격률이 현저하게 높아짐을 확인하였습니다.

면접조차 가보지 못하고 서류에서만 계속해서 탈락하는 안타까움을 없애고자, 최소한 자기소개서가 아닌 면접을 통하여 나의 진정성을 평가받을 수 있도록 하기 위해 이 책을 썼습니다.

독자 여러분께서는 마지막까지 반드시 필독하시고, 내용을 완전하게 숙지한 후 그 내용을 응용하여 자신에게 맞는 자기소개서를 맛있게 요리해 보시기 바랍니다.

자기소개서를 맛있게 요리하는 비법을 찾기 위하여 지난 1년 동안 약 500여 개의 자기소개서를 분석하였으며, 다음과 같이 실제 합격한 자기소개서를 분류하여 본 책에 소개하였습니다.

1. 합격자소서 해당기업 : 43개 기업(약 90여 개 항목의 합격자소서)

※가나다 순

NO	기업명	NO	기업명
1	금호타이어	23	한화무역
2	기업은행	24	현대건설
3	대웅그룹	25	현대다이모스
4	대한항공	26	현대미포조선
5	두산전자	27	현대자동차
6	롯데코리아세븐	28	현대하이스코
7	범한판토스	29	현대해상
8	스타벅스코리아	30	CJCGV
9	신세계푸드	31	CJ제일제당
10	신용회복위원회	32	CJ푸드빌
11	신한은행	33	CJ프레시웨이
12	아시아나항공	34	DAUM
13	아워홈	35	GS리테일
14	올림푸스	36	KCC
15	우리은행	37	KT
16	이랜드	38	LG생활건강
17	태평양물산	39	LG서브원
18	튼튼영어	40	LG패션
19	포스코	41	OB맥주
20	한국전력공사	42	SK케미칼
21	한샘	43	SK텔레콤
22	한세실업		

2. 합격자소서 직무 : 33개 직무

NO	직무명	NO	직무명
1	기획	18	SCM(공급망관리)
2	인사	19	해외물류
3	재무	20	해외영업
4	행정	21	MD
5	사무	22	디자인
6	경영지원	23	고객서비스
7	행원	24	기술
8	지상직	25	R&D
9	인턴	26	보상
10	마케팅	27	생산관리
11	영업관리	28	설계
12	영업기획	29	시공
13	영업전문직	30	엔지니어
14	매장관리	31	통신
15	패션브랜드기획	32	품질관리
16	패션브랜드매니저	33	영양사
17	식자재유통		

이처럼 많은 기업의 다양한 직무에서의 합격한 자기소개서는 여러분이 자기소개서를 요리할 때 큰 도움이 될 것입니다.

이제부터는 자신감을 가지고 열정적으로 도전하시기 바랍니다.

끝으로 취업준비생들을 위해 의미 있는 책을 발행하는 데 최일선에서 앞장서 주신 한국외국어대학교 출판부 신선호 과장님께 진심으로 감사드립니다.

2015년 1월
저자 심영섭

차 례

머리말 ········· 5

 01 자기소개서는 요리(cooking)다 ········· 14

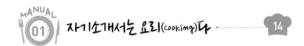 **02** 맛있는 자기소개서를 요리하는 비법 4가지 ········· 20

Recipe
Know-how **1** "신선한 재료"를 사용하라! ········· 23

1) 직무관련 인턴십 등 실무 경험 재료 ········· 25

▸ 합격자소서 예시 : CJ제일제당, CJCGV, CJ프레시웨이, SK텔레콤, 올림푸스, 신용회복위원회, 우리은행, 신한은행, 아시아나항공, 대웅그룹, 한세실업, 현대하이스코, 아워홈

2) 직무관련 공모전 등 경진대회 재료 ········· 38

▸ 합격자소서 예시 : CJCGV, 현대자동차(3), 이랜드, 두산전자

3) 직무관련 자격증 재료 ········· 45

▸ 합격자소서 예시 : 범한판토스, 한국전력공사, 신한은행, 현대해상

자소서를 요리하라

Recipe Know-how **2** "독특한 양념"을 사용하라! 49

▶ 합격자소서 예시 : SK네트웍스, 현대자동차(2), 현대모비스, 롯데캐논, 이랜드, 롯데코리아세븐,
SK텔레콤(2), 한화무역, IBK기업은행, 우리은행, 신한은행, 대한항공(2), 아시아나항공, OB맥주,
LG패션(LF), 태평양물산, 현대하이스코, 현대미포조선, 현대건설, CJ푸드빌

Recipe Know-how **3** "데코레이션"을 활용하라! 77

▶ 합격자소서 예시 : CJ프레시웨이, 이랜드, LG서브원, SK텔레콤, 롯데코리아세븐, 튼튼영어,
우리은행, 신한은행, 대한항공, 아시아나항공, KCC, OB맥주, 한샘, LG패션, 태평양물산,
현대자동차, LG생활건강, SK케미칼, 한국전력공사, 아워홈, 신세계푸드, 금호타이어

Recipe Know-how **4** "진정한 맛"이 느껴지게 "정성"을 다하라! 108

▶ 합격자소서 예시 : 스타벅스코리아, DAUM, 현대다이모스, 현대자동차, 신용회복위원회,
IBK기업은행, 우리은행, 신한은행, 아시아나항공, GS리테일, OB맥주, 한샘, LG패션,
현대해상, LG디스플레이, 포스코, LG생활건강, 현대건설, 한국전력공사, 신세계푸드

MANUAL 03 맛있는 자기소개서의 조리순서 ·········· 134

Recipe Know-how **1** 톡톡 튀는 요리 이름으로 호기심을 갖게 하자! ·········· 138

Recipe Know-how **2** 어떤 요리인지 간략하게 기술하자! ·········· 139

Recipe Know-how **3** 과거의 요리경험을 두괄식으로 작성하자! ·········· 140

Recipe Know-how **4** 조리과정을 구체적으로 작성하자! ·········· 141

Recipe Know-how **5** 숫자를 넣어 조리과정에서의 열정과 신뢰감을 심어주자! ·········· 142

Recipe Know-how **6** 완성된 요리에 대한 성과(평가)를 반드시 나타내자! ·········· 143

Recipe Know-how **7** 요리경험을 지원직무와 연결시켜 주자! ·········· 145

 MANUAL 04 기본메뉴의 조리방법 ·········· 146

Recipe Know-how **1** 성장과정 ·········· 150

▸ LG서브원 합격자소서

Recipe Know-how **2** 성격의 장·단점 ·········· 152

▸ KT 합격자소서

Recipe Know-how **3** 지원동기 ·········· 155

▸ CJ프레시웨이 합격자소서

Recipe Know-how **4** 입사 후 포부 ·········· 158

▸ 롯데코리아세븐, LG패션 합격자소서

MANUAL 05 요리의 맛을 더해주는 "소스"의 활용 ········· 162

Recipe Know-how **1** "식욕저하 소스"는 금지하라! ········· 167

Recipe Know-how **2** "감칠맛 소스"를 사용하라! ········· 171

 MANUAL 06 실패하는 요리 레시피가 되지 않기 위한 Tip ········· 176

Recipe Know-how **1** 절대 밤에 작성하지 마라! ········· 179

Recipe Know-how **2** 항상 긍정적이고 기분 좋을때 작성하라! ········· 180

MANUAL
01

자기소개서는
요리(cooking)다

자기소개서는 요리(cooking)다

CJ그룹, 이랜드그룹, SK그룹 등의 기업은 서류전형에서 자기소개서의 비중이 높기로 유명한 그룹입니다. 특히 CJ그룹은 블라인드 서류전형이라고 해서 이력서를 보지 않고 자기소개서를 집중적으로 검토하여 합격자를 선정합니다.

공기업 역시 자기소개서의 반영 비율을 더욱더 크게 늘려가고 있습니다.

반면 처음 취업을 준비하는 취업준비생들이 가장 힘들어 하는 것이 바로 자기소개서를 작성하는 것입니다. 별다른 생각 없이 작성된 자기소개서를 가지고 실제 기업에 지원하여 여러 곳의 서류전형에서 탈락하게 되면, 그때야 비로소 자기소개서가 얼마나 중요한 것인지를 절실하게 느끼게 됩니다.

자기소개서는 서류전형뿐 아니라 실제 면접을 할 때에도 면접관들에게 전달되어 면접 시 자기소개서의 내용을 중심으로 질문을 받게 되므로 결코 소홀하게 작성해서는 안 됩니다.

그럼 이처럼 서류전형에서 중요한 자기소개서는 어떻게 작성해야 할까요?

자기소개서는 맛있는 요리를 하는 것과 똑같다고 생각하면 쉽게 이해가 됩니다.

유명한 쉐프들은 맛있는 요리를 어떻게 만들까요?

일단 가장 신선한 재료를 선택하여, 자신만의 독특한 양념으로 요리하여 최상의 맛을 낼 것입니다. 그리고 그것을 접시에 담을 때도 최대한 요리의 특징과 멋이 잘 드러나게 하여 보기만 해도 먹고 싶을 정도로, 혹은 먹기가 아까울 정도로 예쁘게 담아서 손님에게 낼 것입니다.

그리고 이 과정 하나하나에 쉐프들의 정성이 가득 담길 때 비로소 최고의 요리가 탄생하게 될 것입니다.

자기소개서도 마찬가지입니다.

쉐프들이 요리비평가에게 자신만의 최고의 요리를 만들어서 평가받는 것처럼, 서류전형에 통과하기 위해서 여러분들은 채용담당자 및 인사담당자에게 자신만의 최고의 자기소개서를 요리해서 내놓아야 할 것입니다.

이 책에서는 여러분이 최고의 자기소개서를 직접 요리할 때 도움을 받을 수 있는 합격 자기소개서를 제시해 드리고, 최고의 자기소개서를 요리하기 위한 비법을 알려드리고자 합니다.

MANUAL 2.에서는 맛있는 자기소개서를 요리하는 비법 4가지를 소개하고, 이를 활용한 합격 자소서를 살펴보겠습니다.

Recipe know-how 1. "신선한 재료"를 사용하라!
Recipe know-how 2. "독특한 양념"을 사용하라!
Recipe know-how 3. "데코레이션"을 활용하라!
Recipe know-how 4. "진정한 맛"이 느껴지게 "정성"을 다하라!

MANUAL 3.에서는 맛있는 자기소개서 요리의 조리순서에 대해 살펴보도록 하겠습니다.

> 1. 톡톡 튀는 요리 이름으로 호기심을 갖게 합니다.
> 2. 어떤 요리인지 간략하게 기술합니다.
> 3. 과거의 요리경험을 두괄식으로 작성합니다.
> 4. 조리과정을 구체적으로 작성합니다.
> 5. 숫자를 넣어 조리과정에서의 열정과 신뢰감을 심어줍니다.
> 6. 완성된 요리에 대한 성과(평가)를 반드시 나타냅니다.
> 7. 요리경험을 지원직무와 연결해 줍니다.

MANUAL 4.에서는 자기소개서에서 가장 기본이 되는 메뉴인 성장과정, 성격의 장단점, 지원동기, 입사 후 포부 등을 요리하는 방법에 대해 살펴보겠습니다.

MANUAL 5.에서는 자기소개서라는 요리의 맛을 더해 주기도 하고 덜 해주기도 하는 "소스"의 활용에 대해 알아보겠습니다.

마지막으로 MANUAL 6.에서는 절대로 실패하는 요리 레시피가 되지 않기 위한 Tip을 제시하여 여러분들의 자기소개서가 최고의 요리가 될 수 있도록 하겠습니다.

그럼 이제부터 저와 함께 여러분의 자기소개서를 맛있게 요리해 보도록 하겠습니다.

MANUAL
02

맛있는 자기소개서를
요리하는 비법 네가지

Recipe know-how

1. "신선한 재료"를 사용하라!

2. "독특한 양념"을 사용하라!

3. "데코레이션"을 활용하라!

4. "진정한 맛"이 느껴지게 "정성"을 다하라!

맛있는 자기소개서를 요리하는 비법 4가지

Recipe Know-how ① **"신선한 재료"를 사용하라!**

우리가 평소에 자주 다니는 또는 주변에서 추천하는 '맛있는 집' 일명 '맛집' 이라고 불리는 곳은 어떤 방법으로 음식을 맛있게 요리하는 걸까요?

우선 해물탕집의 예를 들어 보겠습니다. 여러분이 가보신 해물탕을 파는 가게의 음식이 맛있었다면 가장 중요한 비결은 무엇이었을까요?

여러 가지 비결이 있을 수 있겠지만 가장 중요한 것은 무엇보다도 음식을 만드는 재료를 신선한 것으로 사용하기 때문일 것입니다.

생물로 조리된, 그것도 당일 갓 잡은 싱싱한 해산물로 해물탕을 요리한다면 당연히 맛있는 요리가 될 것입니다.

맛있는 요리를 조리하는 첫 번째 recipe know-how는 "신선한 재료"를 사용해서 자기소개서를 요리해야 한다는 것입니다.

그럼 과연 자기소개서에서 "신선한 재료"란 무엇을 말하는 것일까요?
그것은 바로

> ① 직무와 관련된 인턴십 등 실무 경험
> ② 직무와 관련된 공모전 등 경진대회 경험
> ③ 직무와 관련된 자격증 취득

이 3가지를 말합니다.

또한 이공계생(공대생)들에게는 위의 3가지 이외에 다음 2가지의 신선한 재료가 추가됩니다.

> ① 직무와 관련된 산학협력과제 참여 경험
> ② 직무와 관련된 각종 논문상 수상

이처럼 신선한 재료를 갖추고 있다면 다른 취업준비생들에 비해 학벌, 학점, 토익 등의 스펙이 다소 부족하더라도 경쟁우위에 설 수 있습니다.
자기소개서 비중이 높은 SK그룹, CJ그룹, 이랜드그룹 등 대기업의 최근 서류전형 합격 결과가 실제로 이를 증명해 주고 있습니다.

따라서 우리는 자기소개서를 작성할 때 이처럼 신선한 재료를 사용하여야 하며, 그것도 될 수 있는 한 많은 분량으로 자기소개서를 채워야 합니다.
이러한 신선한 재료를 자기 것으로 만들기 위해서는 저학년 때부터 자신의 희망직무와 관련된 다양한 경험에 열정을 가지고 도전하여야만 합니다.

이것이 바로 자기소개서의 합격 확률을 높이는 가장 중요한 첫 번째 비법입니다. 그럼 이런 '신선한 재료'를 활용한 합격 자기소개서를 살펴보기로 하겠습니다.

1) 직무관련 인턴십 등 실무경험 재료(합격 자소서 예시)

☑ CJ 제일제당 - 영업관리

 여러분의 대학생활 중 가장 뛰어난 성과를 이뤄냈던 경험을 구체적으로 적어주세요. ① 그 일을 시작한 계기, ② 노력한 과정과 결과, ③ 뛰어난 성과라고 생각하는 이유를 반드시 포함하여 작성해주세요. (1,000자)

 [세 달 만에 달성한 카페 가입자 수]
대학교 3학년 시절 전공인 러시아어를 향상시키고 영업 필드에서 현장감을 쌓기 위해 KOTRA 모스크바 무역관에서 인턴십을 했습니다. 여러 업무 중 '해외취업지원 사업'을 맡은 경험이 있습니다. 처음 발돋움하는 해외취업지원 사업이 번창하려면 무엇보다 구직자와 기업들에 믿음을 주어야 한다고 판단했습니다. 그래서 '신뢰'를 기반으로 온·오프라인 전략을 세웠습니다.

먼저 러시아에서 취업을 원하는 사람들의 신뢰를 쌓기 위해 포털 사이트에 해당 카페를 개설하고 러시아 및 해외취업정보를 매일 2건씩 게재했습니다. 또한, 러시아 관련 최대 커뮤니티에 배너광고를 게시해 관심을 유도했습니다.

오프라인에서는 과장님의 도움을 받아 모스크바 시내 9개 대학의 한인 학생회장단과 무역관 본부장님의 식사자리를 마련해 사업을 홍보했습니다. 그리고 모스크바 '중소기업연합'과 '경제인연합' 모임에서 마지막 15분을 빌려 2번의 PT 홍보를 진행했습니다. 또한, 해외취업 멘토링 서비스와 해외취업의 필수인 영문이력서 첨삭 서비스를 제공하며 구직자들의 해외취업 성공을 적극적으로 도왔습니다.

그 결과 세 달 만에 홈페이지 가입자 수가 500명을 돌파했고, 인재 DB 약 90명, 구인처 발굴 연간목표 40건 중 25건, 취업지원 연간목표 5건 중 1건을 달성할 수 있었습니다.

☑ CJ CGV - 기획

여러분이 선택한 계열사 및 직무에 대한 지원 동기는 무엇인가요? ① 선택한 계열사가 아니면 안 되는 이유, ② 직무에 관심을 갖게 된 계기, ③ 본인이 직무를 잘 수행할 수 있는 이유(본인의 강점, 준비, 관련 경험에 근거)를 반드시 포함하여 구체적으로 작성해 주세요. (1,000자)

[블랙홀처럼 빠져드는 기획]

2011년 KT 인턴십 MF에서 첫 미션은 '모바일을 활용한 프로모션'이었습니다.

장소는 개업한 지 얼마 안된 창원에 있는 저희 외삼촌 카페로 정했고, 고객들을 어떻게 유치할 것인가를 팀원들과 고민하기 시작했습니다.

카페 SNS 페이지, 모바일 게임을 통한 사은품 증정 이벤트와 노래 공연 등을 기획했었습니다. 하지만 공연 당일 사람들은 많이 오지 않았습니다. 잘못된 타켓팅의 프로모션 결과로 만족한 결과는 아니었지만, 다음 기획을 위한 밑거름이 되었습니다.

총 3회의 프로모션을 기획하면서 경험도 쌓이고 실행되는 것을 보면서 더 많은 관심을 두게 되었습니다.

☑ CJ 프레시웨이 - 식자재유통

여러분이 선택한 계열사 및 직무에 대한 지원 동기는 무엇인가요? ① 선택한 계열사가 아니면 안 되는 이유, ② 직무에 관심을 갖게 된 계기, ③ 본인이 직무를 잘 수행할 수 있는 이유(본인의 강점, 준비, 관련 경험에 근거)를 반드시 포함하여 구체적으로 작성해 주세요. (1,000자)

[식자재 유통 사업에 대한 관심]

가락시장에서 약 2년간 일하면서 식자재 유통 사업에 대해 생각해 볼 기회가 있었습니다. 식자재 납품이나 제조, 유통과정이 중소업체에 의해 진행되는 경우가 많았고, 미국과 일본 시장에 비해서 식자재 유통 사업이 낙후되어 있다는 것을 알았습니다.

따라서 그만큼 식자재 유통시장의 선진화를 주도하고 선점할 선두 업체에 대해 관심이 갔습니다.
저는 혼자 살면서 요리를 좋아하여 신선한 재료와 외식, 식품 업체에 항상 주목했고, 그렇게 CJ 프레시웨이가 식자재 유통산업에서 국내 선두 기업이라는 것을 알 수 있었습니다.

☑ SK텔레콤 - 마케팅

지금까지 살면서 가장 높은 수준으로 목표를 설정했던 경험에 관해 기술하세요. (아래의 요소를 반드시 포함)
- 목표 수준과 그러한 목표를 설정한 이유
- 목표 달성을 위한 과정상의 난관 및 그것을 도전/극복한 방법
- 최종 결과 및 성공/실패 원인, 그 과정에서 배운 점

※될 수 있으면 최근 5년 이내에 했던 중·장기 경험으로 기재
(1,000자 10단락 이내)

[한국에 대한 모든 것을 알려라!]
많은 기업이 다양한 국가에 사업조직을 두고 전 세계의 고객을 상대로 비즈니스를 펼쳐가고 있는 이때 새로운 글로벌 비즈니스 파트너들과 훨씬 더 유연하고 생산적인 관계를 맺기 위해서는 글로벌 역량이 중요하다고 생각합니다.

저는 2013년도부터 약 1년여 동안 20여 명의 학생과 함께 한국문화를 세계인들에게 알리는 2박 3일간의 국제포럼을 기획하고 홍보했던 경험이 있습니다.
외국인들은 물론 한국인마저도 K-pop 등 극히 일부분에 대해서만 열광하고 다른 한국문화에 대해서는 큰 관심을 두고 있지 않습니다. 이런 상황에서 한국전통문화를 주제로 포럼을 기획하는 것 자체만으로도 쉽지 않을 것이라 생각했지만, 저는 남들이 외면하는 한국전통문화에 그 시도만으로도 충분한 가치가 있다고 판단했습니다.

우선 150명의 전체 참가인원과 특히 그중 30%의 인원을 외국인으로 채우는 것을 목표로 시작하였습니다.
그런 목표를 정했던 가장 결정적인 이유는 한국관광공사에서 금전적 지원을 받기 위한 기준을 확보하기 위함이었습니다. 연사 섭외와 장소협조의 경우에는 큰 문제가 없었으나, 충분한 외국인 참가자 인원이 확보되지 않아 포럼 개최에 큰 어려움이 있었습니다.

저는 즉시 일의 우선순위를 외국인을 모으는 것으로 두고 외국인이 많은 단체 약 12곳을 직접 찾아가서 담당자를 만났습니다. 다른 국적의 사람들이었지만 직접 만나 적극적으로 대화하였고, 이 경험

을 통해서 세계 어느 곳의 이방인과 만나도 먼저 다가갈 수 있는 용기를 가지게 되었습니다.

최종결과는 전체참가자 139명 중 외국인 52명으로 37%의 외국인 비율을 달성하였습니다. 전체참가 인원인 150명의 목표에는 충족하지 못했지만 재단 측에서 저희의 노력을 기특하게 여겨 금전적인 지원을 받을 수 있었습니다. 이후에도 큰 보람을 느끼며 1년간의 도전을 잘 마무리하였습니다.

이렇게 포럼을 준비하고 진행하는 경험을 통해 다양한 외국인들에게 적극적으로 다가가 소통하며 글로벌 마인드에 대해 배울 수 있었습니다.
입사 후에도 저의 이런 자신감과 글로벌 마인드를 바탕으로 전 세계의 SK telecom 고객에게 다가갈 수 있도록 하겠습니다.

☑ 올림푸스 - 영업기획

보유능력 및 역량기술

[인정받은 기획능력]
2012년 6월부터 두 달간 SK M&C의 전략기획실에서 인턴을 한 경험이 있습니다.
당시 회사의 미래 먹거리 사업으로 '통합 마케팅 서비스'를 선정하여 이를 필요로 하는 기업 고객을 찾고 있었습니다.

저는 우선 인터넷과 내부자료를 참고하며 마케팅 트렌드를 파악한 후, 국내외 20여 개의 SNS/MMS 업체를 조사했습니다. 그리고 그것을 참고해 회사가 가진 마케팅 채널을 어떻게 사용할 수 있을지 연구했습니다. 그 중 Smart Wallet의 모바일 마켓 신설, 카드 포인트 통합이용 아이디어, 기프티콘을 통한 판매전략이 실장님의 좋은 반응을 얻었습니다.

또한, 로레알, Fiat, 네오플램이란 회사에 대해 사업 가설 시나리오를 작성했는데, 로레알의 마켓셰어를 3년 이내에 6%에서 9%까지 올리겠다는 저의 기안이 채택되었습니다.

기획실에서의 경험은 제가 남들보다 빠르게 영업기획에 적응하도록 도와줄 것입니다. 또한, 인턴 기간 발휘했던 기획능력과 분석능력을 이용해 수익성 있는 연도별/월별 영업전략을 수립하겠습니다.

☑ 신용회복위원회 - 사무관리

지금까지 살아오면서 겪은 가장 의미 있는 사건은 무엇이며, 그것이 귀하에게 어떤 영향을 미쳤습니까?

[중소기업진흥공단에서 연체업체 관리 업무를 하다]
저는 2013년 3월부터 올 1월까지 중소기업진흥공단에서 연체업체관리 업무를 수행했습니다. 연체 중인 업체의 대표에게 하나하나 전화를 걸어 신용관리의 중요성과 저신용이 사업에 미치는 영향에 대해 설명해 드렸습니다.
저는 이 과정에서 신용의 중요성과 고객을 상대하는 봉사정신을 배웠습니다.

이러한 경험을 바탕으로 위원회에서 과중한 채무로 인해 상환이 어려운 고객을 위해서 친절한 채무상담과 사전채무조정, 개인워크아웃 등을 활용하여 고객의 신용회복에 앞장서겠습니다.

☑ 우리은행 - 행원

 우리은행에 지원하려는 동기가 무엇이며 본인의 미래 비전 달성이 우리은행에 어떠한 기여를 할 수 있을지 구체적으로 제시하여 주십시오. (1,000자 이내)

 [Idea를 Action으로 이끄는 마케터]
참신한 마케팅 전략을 수립하여, 최고의 실적을 이끌겠습니다.
실제로 <u>은행 인턴으로 활동</u>하면서, 스마트 뱅킹 관련 기안 및 리플렛을 스스로 제작하여 본부 측에 제출하였고 해당 기획안이 실행된 경험이 있습니다. 한편, 매주 월요일마다 신병들을 대상으로 한 군마케팅에 참가하면서, 잠재 고객 유치에 일조하고자 관련 리플렛을 제작하기도 하였습니다.

이처럼, 저는 참신한 아이디어를 바탕으로 꾸준히 새로운 영역에 도전해나가고 있습니다. 모든 것을 새롭게 바라볼 수 있는 시각을 바탕으로, 우리은행의 고객님께 최고의 가치를 전달해줄 수 있는 마케팅 전략을 끊임없이 고민하겠습니다.
이러한 진취적인 고민은 제 자신의 성장뿐만 아니라 우리은행의 성장 또한 가져다줄 것임을 확신합니다.

지원 동기 및 포부, 성장 과정, 수학내용(휴학 기간 또는 졸업 후의 공백기 내용 포함), 본인의 가치관 및 인생관에 영향을 끼쳤던 경험 등을 주제별로 구분하여 자유롭게 기술해 주세요. (3,500자)

[국민 노후 서포터, 은퇴설계전문가]

저의 목표는 고객의 노후에 대한 재무적 관리뿐만 아니라 비재무적 관리를 통해 안정적인 삶을 제공해주는 은퇴설계전문가가 되는 것입니다.

신한은행이 고령화 사회에 맞추어 더욱 경쟁력을 갖추기 위해서는 획기적인 은퇴설계서비스를 구축하고, 고객 요구에 맞추어 컨설팅하는 핵심 인재가 필요할 것입니다. 가장 중요한 것은 고객의 자산과 노후 상황을 잘 분석하고 파악하여 고객에게 알맞은 은퇴설계상품을 제공하는 것이라고 생각합니다. 이를 위해 '고객 중심의 분석력'을 터득하였습니다.

2013년 큐렉스 로펌에서 약 6개월간 인턴을 한 적이 있습니다. 고객을 상담하며 고객들이 처한 상황을 메모하여 사안별로 문서를 작성하였고, 법 지식과 밤새 터득한 정보들을 활용하여 관련 사건들을 분석하였습니다.

또한 소송 때문에 힘들어하는 고객에게는 의지를 주고자 매일 50명에게 명언이 담긴 문자를 보내고, 주말마다 3시간씩 전화하여 고충을 들었습니다. 이를 통해 고객에게 '자네 덕분에 힘을 냈네!'라는 말을 들었을 때의 뿌듯함을 잊을 수 없습니다.

이처럼 고객의 상황에 대한 철저한 분석을 통해 대처방안을 제시할 뿐만 아니라 고객의 입장에서 생각하며 소통한 결과, 저는 가장

많은 업무를 수행하는 사원이자 고객들이 방문할 때마다 가장 먼저
찾는 사원이 되었습니다.

☑ 아시아나항공 - 지상직

 귀하가 금호아시아나그룹(1지망 지원회사)을 지원하게 된 동기에
대해 서술해 주십시오

 [내 인생의 터닝포인트 SYD SM OZ]
2012년 2월부터 7월까지 6개월간의 <u>시드니 아시아나 항공에서의 인
턴</u> 생활은 제 인생의 터닝 포인트가 되었습니다. 아시아나에서 행하
고 있는 다양하고 고객지향적인 서비스들을 직접 배우고 제공하며
많은 보람을 느꼈습니다.

2012년 7월 19일 인천-시드니 구간 매일운항복원 기념으로 회사에
서 프로모션을 진행했을 때에는 페이스 북 등 SNS에 적극적인 홍보
활동을 한 결과 비행기 좌석을 꽉 채울 수 있었습니다.

또한, 기내 동전 모으기 등의 사회공헌활동을 함께하면서 사람이
먼저인 기업인 아시아나의 직원으로서 애사심이 생겼습니다. 전체
회식 때 뵙게 된 ○○○ 공항 지점장님께서는 항상 웃는 저의 친화
력과 적극성을 칭찬하시며 '너는 공항서비스가 체질인 사람이다.'라
고 말씀해 주셨습니다.

먼저 이 길을 겪어오신 대선배님의 말씀은 저에게 진로에 대한 확
신을 주었고 그 뒤 저는 애바커스 예약·발권자격증을 취득하는 등
최선의 노력을 하고 있습니다.

☑ 대웅그룹 - 인사(HR)

대웅그룹에 지원한 동기와 입사하기 위해 어떠한 노력을 기울였는지 구체적으로 기술하시오. (1,000byte)

[뻔하지 않은 시도, Fun한 대웅]

2013년 1월 SBS미디어크리에이트 인사팀에서 연말정산업무를 경험했습니다. HR직무와 관련된 다양한 경험을 해보고 싶었습니다.

저의 업무는 약 100여 명의 임직원 연말정산 현황을 파악하는 일이었습니다. 인사시스템에 기재된 내용과 국세청자료를 비교하고, 세법자료집을 토대로 오류사항을 검토했습니다. 이를 통해 임직원이 주로 금액 및 공제에 관한 오류를 범하고 있으며, 장애인 증명서와 같이 누락하는 자료가 있음을 발견했습니다.

이러한 내용을 자세하게 작성하면 향후 임직원이 2~3번 연말정산을 확인할 필요가 없고, 인사팀도 효율적으로 일할 수 있다고 생각했습니다. 그래서 현황을 세부적으로 분석하여 보고서를 작성했고, 인사시스템 내에서 잘못된 부분을 임직원에게 자세하게 공지함으로써 오류와 문의사항을 줄이며 연말정산을 정확하게 1번으로 끝냈으며, 예년에 7일 걸리던 작업을 3일로 줄여 빠르게 마무리할 수 있었습니다.

대웅그룹에서 항상 고객의 입장에서 불편한 점을 개선한다는 자세로 모두가 하나 되어 즐겁게 일할 수 있는 환경을 만드는 데 앞장서는 사원이 되겠습니다.

☑ **한세실업 - 경영지원**

 지원동기

 [즐거웠던 인턴생활, Victoria's Secret팀]

의류 및 패션업에 대한 관심으로 대학교 4학년 마지막 학기에 <u>외국계 의류 회사 'Mast Industries'에서 인턴으로 2개월간 근무</u>한 경험이 있습니다.

원자재 팀의 인턴으로서 주된 일은, 샘플이 수량과 제품번호에 맞게 도착하였는지 살피고, 물량을 엑셀로 업데이트하고, 거래업체와의 미팅을 위한 회의자료를 PPT로 작성하는 업무였습니다. 저는 최대한 실수하지 않기 위해 작성한 자료를 검토하고 또 검토하며 완성도를 높이기 위한 노력을 하였습니다. 평소 관심 있는 산업인 패션업계에서 일한다는 것이 즐거웠고, Mast Industries에서 다루는 브랜드 'Victoria's Secret'과 'PINK'에 원단을 제공하는 벤더에 대해서 관심을 갖게 되었습니다.

전 세계적인 의류 브랜드와 함께 일하며 지속적으로 성장하고 있는 기업인 '한세실업'에서 일하고 싶습니다.

☑ 현대하이스코 - R&D

 현대하이스코에 지원하게 된 동기와 입사를 위해 본인이 준비한 내용/노력들을 경험을 토대로 기술하여 주시기 바랍니다. (800자)

 [울산공장에서 차량 경량화 신기술개발]

이번 여름, <u>현대자동차</u> 인턴사원에 지원하였습니다. 차량 경량화에 관심이 많았기에 꼭 그와 관련된 부서에서 인턴근무를 하고 싶었습니다. 면접에서 차량 경량화에 대한 관심도와 경량화의 중요성을 강조하였고 합격하여 <u>경금속재료연구팀에서</u> <u>인턴생활</u>을 할 수 있었습니다.

재료연구팀이었기에 우선 Al 합금이나 신소재인 Clad에 대한 내용에서부터 하이드로포밍이나, TWB, 핫 스탬핑과 같은 성형 및 가공기술 개발까지 경량화에 대한 전반적인 내용을 습득할 수 있었습니다.

저는 그중에서도 자동차 재료학을 들으며 배웠던 하이드로포밍과 TWB에 눈길이 갔습니다. 신공법이기에 아직 개발 단계라 생각했습니다. 하지만 이미 현대하이스코에서 사용 중인 공법이었습니다.
신기술개발을 이끌어 나가는 하이스코라면 저의 차량 경량화에 대한 지식과 관심이 신기술개발 엔지니어로서 빛을 볼 수 있을 것입니다.

저는 현대하이스코에 평생 몸담을 것이고 열정과 배움을 통해 용접조건이나 제한적 재료사용이라는 문제를 해결함으로써 저의 능력을 증명하겠습니다.

☑ 아워홈 - 영양사

 본인의 성장 과정을 중심으로 하여 간략히 자기소개 및 지원동기를 작성해 주십시오. (400자)

 [365일 다양한 도전女]
 식품, 조리, 문화의 단체 활동을 좋아하여 관련 분야라면 항상 도전하였습니다. 그래서 4년 동안 학생회 및 봉사 활동, 녹색식생활 서포터스, 온라인 리포터, 시나리오 검토 등으로 알찬 대학 시절을 보내었습니다.

 2012년 9월 식품 관련 실무 경험을 쌓기 위해 <u>아워홈 ○○점에서 운영하는 야간 스낵코너에서 아르바이트</u>하였습니다. 조리와 배식 및 청소를 담당하며 고객서비스와 전반적인 급식서비스를 배웠습니다.
 2013년 4월에는 <u>아워홈 대학생 홍보 캠페인단 '판아워홈 2기'에 선정되어 SNS로 매달 4회 이상 아워홈을 홍보</u>하고 있습니다.

 이처럼 아워홈의 급식소와 제품을 접하면서 아워홈의 영양사가 되어 고객감동 실현이라는 목표가 생겼고, 이에 도전해보고자 지원하였습니다.

2) 직무관련 공모전 등 경진대회 재료

☑ CJ CGV - 기획

  여러분의 대학생활 중 가장 뛰어난 성과를 이뤄냈던 경험을 구체적으로 적어주세요. ① 그 일을 시작한 계기, ② 노력한 과정과 결과, ③ 뛰어난 성과라고 생각하는 이유를 반드시 포함하여 작성해 주세요. (1,000자)

 [동굴 안에서 빛을 비추어줄 작은 성냥을 찾아보아라!]
 공모전 참여를 위한 팀이 결성되자마자 컨텐츠를 정하기 위하여 매일 혜화역 4번 출구에 있는 카페에 모였습니다. 인터넷에 찾아보아도 성에 차지 않고 마땅한 게 떠오르지 않아 성과 없이 일주일의 시간이 흘렀습니다.

 그러던 회의 시간 중 팀원 중 한 명에게 택배 기사님으로부터 전화가 왔었습니다. 그 때 '택배 서비스'를 주제로 잡으면 어떨까?' 라는 생각이 번쩍 들었습니다. 길고 캄캄한 동굴 속에서 성냥을 찾은 듯 현재 택배 서비스의 문제점과 개선 방안에 대해 생각해보기 시작했습니다.

 "QR코드를 활용한 물류운송시스템"의 아이디어를 고안해 내면서 317대 1의 경쟁률을 뚫고 1차에 합격하여 당당히 <u>"제12회 전국 대학생 비즈니스 프레젠테이션 대회" 본선에 진출하여 장려상을 수상하였습</u>니다.

☑ 현대자동차 - 품질 및 R&D

현대자동차 해당 직무 분야에 지원하게 된 이유와 선택 직무에 본인이 적합하다고 판단할 수 있는 이유 및 근거를 제시해 주십시오. (3,000자 이내)

[함께 웃어본 경험]

신차를 만들고 검증하며, 품질확보부터 양산까지 이 모든 과정을 거쳐야 하는 파이롯트는 타 부서와의 연계, 팀워크가 굉장히 중요할 것입니다.

작년 5월, 저는 <u>대한전기학회에서 주최하는 그린에너지 경진대회에 참가</u>하였습니다. 큰 규모의 대회였기에 저희 팀 모두는 긴장과 설렘 속에서 3달 동안 새벽 6시까지 학교에서 밤을 새워가며 설계를 하였습니다. 아이디어를 구현하기 위해서는 실제 축소형 엘리베이터를 설계해야 했기에 오랫동안의 밤샘 설계로 많이 지치기도 하였고 의견 충돌도 있었습니다. 하지만 의견이 대립된 만큼 다양한 시각을 공유할 수 있는 기회가 되었고, 같이 일함으로써 서로에게 의지하며 각자의 부족한 부분을 보완할 수 있었습니다.

그 결과 3개월이라는 짧은 시간 동안에 은상이라는 쾌거를 거두었으며, 저희의 작품을 본 National instruments에서 제공한 LabVIEW 수료증까지 받아 가슴 벅찬 성취감을 느낄 수 있었습니다.

팀이기에 가능했던 이러한 성취는 저에게 팀워크에 대한 강한 신뢰를 주었고, 이러한 경험을 바탕으로 파이롯트의 일원으로서 단결된 팀워크를 통하여 최고의 품질을 자랑하는 현대 자동차를 양산하고 싶습니다.

☑ 현대자동차 - 엔지니어

 가장 열정/도전적으로 임했던 일과 그 일을 통해서 이룬 것에 대해 상세히 기재해 주세요. (최대 1,000자 이내로 작성)

 [경제신문 읽는 엔지니어]
 여섯 명이 모여 넉 달 동안 열정을 불태우며 노력한 결과 'SK와 함께하는 로봇 앱 공모전'에서 동상이라는 값진 결과를 이루었습니다.

 아이디어만 있으면 쉽게 공모전에 참여하여 좋은 성적을 거둘 수 있으리라 판단했었는데 뜻밖에 평가기준에서 가장 중요한 사항은 '시장성'이었습니다. 따라서 저희 팀은 로봇의 주 소비계층인 '어린 자녀를 가진 부모'들의 특징을 파악하게 되었으며, 조사결과 부모가 원하는 자녀의 장난감은 '교육적이면서 아이들이 싫증을 내지 않아 오랫동안 안전하게 사용할 수 있는 것'이었습니다. 저희는 아이디어 회의 끝에 '나는 펫'이라는 교육용 로봇을 제작하기로 하였습니다.

 작품을 만들며 가장 힘들었던 점은 '어떻게 해야 쉽게 사람들이 사용할까?'라는 사용의 편이성 부분이었습니다. 스마트폰의 기능이나 로봇에 대한 지식이 없는 어린이들이 주 사용계층이니만큼 편이성을 제고하는 것이 곧 시장성이라고 생각했기 때문이었습니다. 저는 프로젝트에서 휴대전화에서 로봇을 조정하는 애플리케이션의 전반적인 구성과 Thread를 이용한 로봇 제어를 담당하며 사용자의 입장을 고려해 눈에 띄는 UI 구성과 단순한 동선으로 아이들의 편이성에 초점을 맞추어 개발을 진행하였습니다.

 그 결과 공모전 동상수상이라는 값진 성과를 얻었음은 물론, 엔지니어의 핵심 자질 중 하나가 시장성을 가늠할 수 있는 시야라는 것

자소서를 요리하라

을 깨닫게 되었습니다. 공모전 진행을 통하여 배운 이러한 교훈을 바탕으로 저는 대학생활 동안 한국경제신문을 읽으며 급변하는 산업에 대응하기 위한 토대를 쌓아오고 있습니다.

현대자동차가 2012년 375만대를 판매해 명실상부 국가대표 기업이 되었습니다. 고객의 입장에서 생각하고 새로운 가능성을 열기 위해 밤낮으로 노력한 현대자동차의 노력이 빛을 발휘하였다고 생각합니다. 저의 깨달음을 토대로 항상 고객의 입장에서 생각하고 창의적인 생각으로 문제를 해결하기 위해 노력하는 플랜트 기술 엔지니어가 되겠습니다.

☑ 현대자동차 - 설계

 가장 열정/도전적으로 임했던 일과 그 일을 통해서 이룬 것에 대해 상세히 기재하여 주십시오. (최대 1,000자 이내로 작성)

 [첫 TV 출연]
2013년 7월에 캡스톤 디자인을 통해 생애 처음으로 TV에 출연하는 기회를 얻었고 제대한 후 나태해져 있던 마음에 열정의 불을 지피는 계기가 되었습니다.

대학교 4학년에 캡스톤 디자인이라는 수업을 신청했습니다. 우리 조는 탈것에 관련된 것을 만드는 것이었습니다. "현재 한국에 발생하는 대기전력만 잘 관리를 해도 원자력발전소 두 개가 운영되지 않아도 된다." 라는 기사를 접하게 된 우리 조는 에너지 분야에 관심을 두게 되었고 매번 여름철마다 문제 되는 전력난 상황을 보고 전력소비에 중요성을 인지하고 헬스 자전거를 이용한 발전기 부분을 주제로 잡게 되었습니다.

그러나 기계적인 요소와 전자적인 요소가 복합적으로 되어 있었기에 제작에 어려움을 겪고 있었습니다. 그래서 국립 서울 과학관에 전시된 자전거 발전기도 보러 가고 학교에서 현재 상용화되어 있는 자전거 발전기를 제공해 주어서 그것을 분해하여 연구해 본 결과 세탁기 모터를 이용하여 만들 수 있다는 것을 알게 되었습니다. 공강 시간과 휴식시간을 쪼개가며 2달에 걸쳐 자전거 발전기를 제작하였습니다.

그 결과 학기 말에 있는 캡스톤 디자인 제안서 경진대회에서 전체 52팀 중 3위에 해당하는 장려상을 받는 쾌거를 이뤄냈습니다. 또 몇 주가 흘러 'SBS 생활경제' 라는 프로그램에 에너지 지킴이라는 주제로 제가 제작한 발전기가 소개되었습니다. 내가 열정을 가지고 했던 일로 상도 받고 또 짧은 시간이지만 TV를 통해 저를 볼 수 있어서 성취감을 느낄 수 있었던 좋은 계기가 되었습니다.

이 경험을 통해 저는 어떤 일이든 열정을 가지고 최선을 다하면 못 해낼 것이 없다는 것을 배웠습니다. 현대자동차에 입사하여 이와 같은 열정을 가지고 꿈을 이루겠습니다.

☑ 이랜드 - 패션브랜드매니저

 살아오면서 자신이 성취한 것 중 자랑할 만한 것을 1, 2가지 소개해 주십시오. (100자 미만)

 [공모전을 통해 배운 리더십]
KT&G 마케팅스쿨 공모전에 팀장으로 참가하여 최종지역 예선에서 입상하였습니다. 3개월간 성격이 다른 10명의 팀원들을 끝까지 하나로 통합하며 육체적으로는 힘들었지만 리더십을 배울 수 있었던 특별한 경험이었습니다.

☑ 두산전자 - 기술직

 본인이 살아오면서 가장 도전적이었거나 가장 인상 깊었던 경험을 기술하세요. (800자)

 [정방향과 역방향은 공존]
대학교 4학년 1학기 때 제5회 전국 대학생 에너지대회에 참가했습니다. 공모과제 중 기존의 에너지 분야의 공정 개선으로 정했습니다. 조원들과 함께 공정 개선 아이디어 회의를 2회 진행했지만 각 조원별 임무와 '바이오 디젤 공정 개선'이라는 주제뿐 진척이 없었습니다.

저는 학과 교수님께서 수업 중에 "새로운 것이라는 것은 매번 새로운 것이 아니라 기존에서 반대로 생각하면 또 다른 아이디어를 얻을 수 있다."라는 말씀에 전공지식을 바탕으로 기존의 바이오디젤 공정을 반대로 생각해봤습니다. 신소재공학과를 전공하면서 고분자 및 유기물을 배우는 기회가 적어 제가 생각해 본 아이디어를 화학

공학과를 전공하는 친구에게 자문하기도 했습니다.

 가수분해 과정을 통해 얻어지는 바이오디젤과 글리세롤에서 탈수분해로 글리세롤을 재활용하는 방식을 제안하였고 이 아이디어를 채택했습니다. 이 공정의 주목적은 잔여물 글리세롤을 활용하는 방안은 많지만, 이 잔여물을 사용하기 위해선 여러 정제과정을 거치는 과정을 줄이고 공정을 최소화하며 잔여물 없이 재활용하는 공정으로 비용절감이 최우선이었습니다. 예선을 통과 후 본선에서 심사위원 앞에서 제가 제안한 아이디어를 발표하였고 대회 40개 팀 중 4등인 장려상을 수상했습니다.

 저는 이 대회를 계기로 일차원적인 관점이 아니라 여러 관점으로 보는 습관이 생겼습니다. 회사 업무 진행에 있어 한 방향이 아닌 여러 방향의 접근을 통해 쉽고 빠르게 해결해 나가고 다른 분야의 엔지니어와의 교류를 통해 시너지 효과를 내는 신입사원이 되겠습니다.

3) 직무관련 자격증 재료

☑ 범한판토스 - 해외물류

 해외물류인턴 과정을 잘 수행할 수 있다고 생각하는 이유를 본인의 경험을 바탕으로 구체적으로 서술해 주십시오. (최대 1,000자 이하)

 [컨테이너선의 매력과 비전의 재정립]
무엇보다 물류를 알기 위해서는 무역의 전반적인 내용을 이해할 필요가 있다고 생각했습니다.

대학에서 배우는 것은 한계가 있기 때문에 겨울방학을 활용해 '국제무역사' 자격증을 공부하여 취득했습니다. 국제무역사를 준비하면서 거대한 컨테이너선에 특히 매력을 느껴 제 커리어 비전을 재정립하게 되었고, 현재는 물류관리사를 공부하면서 물류인력으로 성장할 준비를 하고 있습니다.

이번 해외물류인턴은 제가 배운 이론을 실무에 적용해 볼 수 있는 좋은 기회라고 생각합니다. 제가 가진 성격과 외국어 역량, 그리고 전문 지식에 '열정'을 추가하여 해외물류인턴을 성실히 완료하고 싶습니다.

☑ 한국전력공사 - 재무

 한전에 근무하기 위해 필요한 전문지식과 능력을 습득하기 위해 노력한 경험에 대하여 구체적으로 기술하여 주십시오.

 [자격증 공부를 결심했던 2가지 이유]
 대한민국을 대표하는 공공기관인 KEPCO에서 근무하기 위하여 다른 사람들과는 구분되는 저만의 차별화되는 장점이 필요하였습니다. 저의 전공인 경영학의 장점을 최대한 살릴 수 있는 방법을 생각해 보았고 타 전공과 차별화되는 영역은 역시 전문지식이 필요한 회계와 재무라고 판단하여 미국공인회계사 시험을 준비하게 되었습니다.

 이 자격증을 공부하기 마음먹었던,
 첫 번째 이유로는 KEPCO에서 미국공인회계사에 가산점을 부여한다는 사실이 매우 매력적이었으며,
 두 번째로는 이 자격증이 회계, 재무뿐만 아니라 경제학, 세법, 상법, 감사 등 넓은 범위를 포함하는 자격증이었기 때문에 실무에서도 유용하리라 믿고 공부를 시작하게 되었습니다.

 꾸준히 1년 6개월을 공부한 끝에 올해 미국공인회계사 시험에 합격할 수 있었습니다. 자격증 공부를 하는 동안 현장에서 바로 쓸 수 있는 다양한 지식과 기술을 갖추려고 노력했으며 제가 가진 이론적 지식을 앞으로 현장에서 실천하며 검증 발전시키겠습니다.

☑ 신한은행 - 행원

 지원 동기 및 포부, 성장 과정, 수학내용(휴학 기간 또는 졸업 후의 공백기 내용 포함), 본인의 가치관 및 인생관에 영향을 끼쳤던 경험 등을 주제별로 구분하여 자유롭게 기술해 주세요. (3,500자)

 [금융법, 경제법, 증권거래법, 모두 내 손 안에]

은행원으로서 불필요한 분쟁을 줄이고, 고객들의 권리를 보호하기 위해서는 적어도 분쟁을 최소화할 수 있는 기준을 알고 있어야 한다고 생각하였습니다. 이를 위해 금융권 관련 법 공부를 가장 열심히 재미있게 공부하여 모두 A+를 받을 수 있었습니다.

금융산업 관련 법 전반을 다루며 자금의 흐름을 파악하고 관련된 법과 문제의 충돌 등을 분석하여 다양한 금융거래의 유형을 파악할 수 있었습니다.

또한, 법에만 그치지 않고 금융 지식을 보충하기 위해 2013년에 AFPK 자격증을 취득하기도 하였습니다. 이를 통해 금융시장에서 시야를 넓히게 되면서 그동안 쌓아온 법 지식이 금융시장에 어떤 도움이 될 수 있을지 진지하게 고민하였습니다.

은행원들이 철저히 법을 준수하고, 고객들의 안전한 거래를 위한 법적 규제를 인식하여 고객의 피해를 예방하는 것이 고객의 신뢰를 잃지 않기 위한 첫걸음이라고 생각합니다. 투명성을 절대적인 가치로 여기고 금융 관련 법 지식을 활용하여 불법 금융거래를 차단함으로써 신한은행의 투명한 이윤을 창출하겠습니다.

☑ 현대해상 - 보상

 본인이 희망하는 직무와 선택이유, 그리고 희망직무를 수행하기 위해 준비해온 과정에 대하여 기술하여 주십시오.

 [손해사정전문가를 꿈꾸다]
　2년 전, 아버지의 노후생활에 대비해 재무 설계를 하며 자연스레 보험업에 관심을 갖기 시작한 저는, 친구들의 고민을 듣고 해결책을 제시하는 데서 뿌듯함을 느끼는 성향을 고려해 보상서비스 직무에 지원하게 되었습니다.

　꿈을 이루기 위한 노력은 보험 전반에 대한 지식을 쌓고 보상직무에 대한 전문성을 기르는 방향으로 전개되었습니다. 보험전공과목은 A+를 받았고, 4종 손해 사정사 자격증 취득에 도전했습니다.
　합격을 목표로 했던 2012년, 2차 시험 최종합격에 실패했던 것입니다.

　하지만 좌절은 금물, 곧 보험연수원의 APIU, 생명보험협회의 CKLU 취득으로 극복했습니다. 특히 APIU를 취득할 때에는 성적우수학생 장학금지급수여식에 참여해 ○○○ 現)보험연수원장님과 식사를 하며 보험에 대한 열망을 다지기도 했습니다.

2 **"독특한 양념"을 사용하라!**

서울 신당동에 있는 떡볶이 집을 가보면 희안한 광경을 볼 수 있습니다.

바로 인근 다른 떡볶이집에 가서 바로 먹을 수 있음에도 불구하고, 많은 사람들이 마○○ 할머니 떡볶이를 먹기 위해 줄을 서 있는 것입니다.

사실, 떡볶이에 들어가는 재료가 더 신선한 것도 그리고 더 특별한 것도 아닐 것인데, 왜 그런걸까요?

마○○ 할머니 떡볶이를 선택하게 하는 비법, 그것은 바로 그 며느리도 모른다는 '독특한 양념' 덕분이겠지요.

맛있는 요리를 조리하는 두 번째 recipe know-how는 바로 이 "독특한 양념"을 사용해서 자기소개서를 요리해야 한다는 것입니다.

'독특한 양념'이란 신선한 재료가 되는 직무 관련 인턴십 등 실무경험, 직무 관련 경진대회 경험, 직무 관련 자격증 등이 없더라도 그것을 상쇄할 수 있을 만큼 자신만의 독특한 경험을 말합니다.

채용담당자 혹은 인사담당자는 채용시즌이 되면 하루에도 수없이 많은 분량의 이력서 및 자기소개서를 검토합니다.

채용하고자 하는 인원에 비해 훨씬 많은 수의 입사지원서가 제출되므로 내부기준에 따라 1차로 필터링을 한다고 해도 검토해야 하는 지원서의 양은 상당히 많습니다.

따라서 똑같은 항목의 자기소개서 내용을 반복적으로 그것도 짧은 시간 내에 읽기 때문에 동일하거나 유사한 답변이 지원자마다 반복적으로 명시된다면 관심과 호기심이 많이 떨어지게 됩니다.

　답변을 작성할 때 예로 들자면 편의점 아르바이트, 농촌봉사 활동, 학생회 활동 등의 일반적인 내용보다는 다른 지원자들과는 차별화된 독특한 경험을 쓴다면 더욱 더 임팩트를 줄 수 있습니다.

　이제부터 채용담당자의 입맛을 특별한 경험이라는 독특한 양념 맛으로 자극하여, 나의 자기소개서 요리를 선택할 확률을 한층 더 높여 보시기 바랍니다.

☑ SK네트웍스 - 패션브랜드 기획

 　SK 입사 후 어떤 일을 하고 싶으며, 이를 위해 본인이 무엇을 어떻게 준비해 왔는지 구체적으로 기술하십시오. (1,000자 10단락 이내)

 [파리의 중심에서 명품을 만들다]
　파리에서 실습으로 익힌 브랜드마케팅 전략으로 저는 SK 네트웍스에서 국내 디자이너브랜드의 브랜딩을 담당하고 중국 및 미국 진출을 성공시키겠습니다.

　대학교 3학년, 저는 파리 경영대학에서 유명 패션브랜드와 명품브랜드의 마케팅 전략을 담당한 교수의 'Luxury Brand Management' 수업을 통해 브랜딩 이론과 전략을 배우고, 팀 별로 명품 브랜드를 직접 기획하는 프로젝트를 진행하였습니다. 저는 3개국 친구들과 팀을 이뤄 초콜릿 브랜드를 만들기로 결정한 후 100명의 설문조사를 통해 타겟 소비자 군을 설정하였습니다. 또한, 파리의 고급 초콜릿 매장 다섯군데를 방문하여 시장조사를 하면서 경쟁사와 차별화된 가치를 제공하기 위해 '브랜드역사'와 '맞춤 제작'을 콘셉트로 강조하였습니다.

이렇게 2달간 매주 3번씩 1시간 동안 팀원들을 만나 구체적인 브랜드 전략을 수립하여 50페이지의 PPT로 정리한 결과, 최종발표에서 30개의 팀 중 매우 만족스럽다는 평가를 받은 상위 3개의 팀에 포함되었으며, 교수로부터 '브랜드 마케팅의 가치를 잘 이해하고 있다'는 평을 받았습니다.

이 과정에서 저는 '소비자들에게 물건의 가치 그 이상을 주는 브랜드가 바로 명품이다' 라는 원칙을 실감할 수 있었고, 소비자들이 기존 브랜드에서 얻을 수 없었던 특별함을 만들어내는 '브랜드 마케팅'에 대한 관심을 갖게 되었습니다.

저는 SK 네트웍스에서 패션브랜드 기획자로 성장하여 10년 안에 세계에서 가치를 인정받는 독특한 국내 디자이너브랜드를 전개하겠다는 목표를 가지고 있습니다.

이를 위해 제가 배운 지식과 경험을 토대로 입사 후 3년 동안 Obzee, Club Monaco, O'2nd를 소비자들 사이에서 특별하고 모던한 가치를 주는 브랜드가 되도록 기획하고, 중국과 미국 등 해외시장에서 꾸준한 수익을 올릴 수 있도록 노력하겠습니다. 이후 3년 동안은 신규 브랜드를 런칭하여 SK 네트웍스의 포트폴리오를 넓히는 브랜드 매니저가 되겠습니다.

☑ 현대자동차 - 엔지니어

 본인의 인생에 있어 중요한 의미를 지닌 사건과 그로 인해 바뀐 자신의 모습을 기재해 주세요. (최대 1,000자 이내로 작성)

 [봉사활동 동아리 C.M.o.S를 통하여 팀워크 형성의 기술을 배우다]
　대학교 3학년 서울시 '동생행복 프로젝트'에 참가하여 초등학생들을 상대로 재능기부 봉사를 한 것이 계기가 되어, C.M.o.S라는 봉사 동아리팀을 직접 조직하여 이끌었습니다.

　C.M.o.S의 공식적인 첫 활동을 위하여 '현대차 정몽구 재단 재능기부' 기획서를 작성하게 되었습니다. 봉사활동 기획서를 만들기 위해서는 30가지 예비 과학 실험을 위해 시간을 투자해야 했습니다. 그러나 다들 취업 준비로 바쁜 시기였기에 각자 역할을 정하는 과정에서 마찰이 잦았습니다.

　저는 팀장으로서의 자신의 역할에 충실하겠다는 생각으로 20일 동안 진행된 예비 실험에 모두 참가했습니다. 이처럼 모든 실험에 적극적인 저의 모습을 보며 팀원들은 하나둘 실험에 동참해 주기 시작했습니다. 그리고 예비실험이 끝나갈 무렵에는 모든 팀원이 다 함께 참여하여 기획서를 성공적으로 작성할 수 있었습니다.

　수동적인 행동이 팀워크를 해치는 가장 큰 요인이었는데, 이것이 사라지니 저희 팀의 모든 일이 일사천리로 진행되었습니다. 사소한 문제점 하나가 발생해도 적극적인 토론을 통해 더 좋은 아이디어를 도출할 수 있었습니다.

　이러한 저희의 노력은 '현대차 정몽구 재단 재능기부 기획안' 부분에서 장려상을 받게 되는 성과를 거두었고, 한국과학창의재단이 선정하는 서울지역 6개 팀 중 1팀으로 선정되어 강원도 거진군에 있는 거진초등학교 학생들과 겨울 방학 동안 과학 실험을 진행할 기회를 가질 수 있었습니다.

팀을 이루어 일을 진행할 때, 팀에 대해 헌신적인 태도를 보이는 것이 무엇보다 중요하며, 남을 탓하기 전에 자신이 먼저 행동하는 것이 팀워크를 단단히 하는 데 도움이 된다는 기본적인 진리를 일깨워준 경험이었습니다. 제가 몸으로 느낀 깨달음이 앞으로 현대자동차에서 상사나 동료 또는 협력업체, 현장직원 그리고 고객과의 만남에서도 어려움 없이 업무를 해결할 수 있다고 자부합니다.

☑ 현대자동차 - R&D(연구개발)

현대자동차 지원 동기와 지원하신 부문/직무에 본인이 적합하다고 판단할 수 있는 이유 및 근거를 기재해 주세요. (최대 1,000자 이내로 작성)

[대학교 생활의 시작은 현대자동차로부터]

2008년 3월 대학교 MT로 현대 자동차 아산 공장을 견학했습니다. 현대 자동차 아산 공장은 '정리정돈과 청결'로 대변할 수 있습니다. 전기를 사용하는 모든 기계에는 먼지가 쌓이기 마련인데, 공장 전체를 걸쳐 먼지는 찾아볼 수 없었습니다.

그리고 견학의 순서 및 절차가 체계적으로 갖추어져 있어서 공장을 처음 견학해 본 저도 어떤 과정으로 자동차를 생산하는 지 한눈에 알아볼 수 있었습니다. 청결과 정리정돈으로 무장한 현대 자동차 공장은 저에게 현대자동차에 입사하겠다는 목표를 가지게 했습니다.

[교통 약자를 위한 자동차 설계]

대학교 1학년 때의 현대 자동차 공장 견학은, 2013년 캡스톤 디자인을 수강하면서 지능형 자동차를 제작으로 이어졌습니다. 여기서 저는 프로그래밍 제어 부분을 담당하였습니다.

그러나 고도의 프로그래밍 기술이 부족한 저희 팀은 주 1회 2시간씩 교수님과 회의를 통해 정보와 아이디어를 나눴습니다. 이러한 과정을 통한 저희의 최종 설계 목표는 '교통 약자를 위한 자동차 설계'였습니다. 이를 위해 Smart Phone Application과 GPS로 사용자와 자동차 간의 위치 파악을 할 수 있게 하였습니다. 여기에 마이크로 프로세서, Visual Studio 프로그래밍을 통해 자동차가 스스로 도로를 주행할 수 있도록 설계하였습니다.

10회의 설계 변경과 시행착오를 거치며 노하우를 배울 수 있었고, 50만 원이라는 적은 예산으로 자동차를 만들기 위해 노력하였습니다. 결국, 최종 발표로 12개 팀 중 종합 1위를 하는 성과를 얻을 수 있었습니다.

저의 희망부서는 전자 개발 부서입니다. 지능형 자동차를 제작하면서 저는 자동차 엔지니어로서의 경험을 배우고 교통 약자에 대해 고민을 하게 되었습니다. 현대 자동차가 세계 최고의 자동차 기업으로 교통 약자를 고려한 방안도 반드시 필요한 요소라 생각하여 교통 약자를 위한 자동차 제어 시스템을 만들자는 결심으로 전자 개발부서에 지원하게 되었습니다.

자소서를 요리하라

☑ 현대모비스 - 생산관리

　지원자는 지원분야에 대하여 본인의 직무 전문성을 가장 잘 보여주는 사례를 구체적으로 작성해 주시기 바랍니다. (300자 이상 500자 이내)

[준비된 생산관리자]
　<u>보급병으로 장교 피복판매소에서 복무하며 재물조사와 함께 분기마다 사용할 예산을 청구하는 업무를 진행</u>했습니다. 이는 단순히 기록된 숫자만을 가지고 청구하는 것이 아니라 수요가 어느 정도 될 것이라는 분석을 통해 적절한 수량을 선택하여 청구해야 했습니다.

　이를 위하여 저는 일반 피복을 포함하여 비행조종사를 위한 품목들까지 크기별로 세분화하여 약 1,000개의 품목을 혼자 조사했습니다. 평일 추가근무와 주말근무까지 신청하여 10일 동안 2년 치의 자료까지 분석하였고, 자료를 통해서 1억 1천만 원이라는 예산을 청구하였습니다. 1년 후 전체 예산사용을 확인해 본 결과 6백만 원 정도의 예산만이 남아 역대 가장 완벽한 예산 수립이었다는 평을 들을 수 있었습니다.

　이러한 경험을 바탕으로 현대모비스의 생산관리자로서 수요예측 및 사전 재고비축과 적정재고 운영계획 수립 등 다양한 업무를 통해 '2020 Global Top 5'라는 비전을 달성하는 데 이바지할 것입니다.

☑ 롯데캐논 - 사무

사회활동 : 학업 이외에 관심과 열정을 가지고 했던 다양한 경험 중 가장 기억에 남는 것을 구체적으로 기술해주세요. (800자)

[떡볶이와 발이 만든 Global No.1]

2012년 <u>프랑스 교환학생</u> 당시, 'Negotiation Workshop' 강의에서 미국, 영국, 멕시코 등 <u>총 5명으로 이루어진 프로젝트를 이끌었던 적이</u> 있었습니다. 저는 리더로 추천받아 'Students with Loreal' 프로젝트를 추진했지만, 이 과정에서 가치관의 차이라는 문제에 봉착했습니다. 미국인의 개인지향주의, 멕시코인의 부정확한 시간 관념은 프로젝트 진행에 방해요소를 만들었습니다. 또한, 이 때문에 총 12주의 프로젝트 기간 중, 4주를 소득 없이 허비해 버렸습니다.

저는 일단 팀의 조직력 강화가 최우선과제라 판단했습니다. 따라서 팀원 전부를 제 아파트로 초대했습니다. 그리고 인기 있는 한식인 '떡볶이'를 만들어 먹으며, 팀원 간의 자유로운 의견 교환을 개진했습니다. 자리가 마련되자 구성원 서로가 허심탄회하게 의견을 공유했고, 5시간의 대화 끝에, 팀이라는 우선 가치를 도출해 냈습니다. 또한, 허비한 시간을 만회하기 위해선 직접 발로 뛰기로 했습니다. 저와 팀원들은 타 분야 교수님을 통해 알게 된, Loreal 담당자를 만나기 위해 본사를 찾아갔습니다. 담당자도 처음엔 정보 제공을 꺼렸지만, 2시간 동안 프로젝트의 취지를 충분히 설명하고 설득한 후에 관련 데이터를 제공했습니다.

팀이라는 우선 가치 하에 다국적 팀원들은 서로를 이해하고 배려하며 프로젝트에 몰두했습니다. 이렇게 완성한 최종 프레젠테이션은 '문화차이에 따른 협상을 바라보는 다양한 시각이 반영되었다'는 평가를 받으며 클래스 내 9개 팀 중 1위를 기록할 수 있었습니다.

☑ 이랜드 - 패션브랜드매니저

 위에서 표현되지 못한 자기소개를 간단하게 적어 주십시오. (1,600 자 미만)

 [카시트 판매=부모의 입장에 서보기]
　저는 패션 브랜드 매니저로서 가장 필요한 영업력을 갖추고 있습니다.
　2013년 8월 베이비페어에서 카시트를 판매한 경험이 있습니다.
　카시트는 다른 제품에 비해 고가였기 때문에 판매가 쉽지는 않았지만, 성과를 내서 브랜드에 도움이 되고 싶었습니다.

　이를 위해 먼저, 오시는 고객마다 카시트를 시범 설치하는 모습을 보여드렸습니다. 최대 15kg의 카시트를 계속해서 몇 번씩 옮겨야 했지만, 아이의 안전을 생각하는 부모님들의 마음을 생각해 힘을 내며 임했습니다. 또한, 설명을 다 듣고 둘러보고 오겠다는 고객에게는 웃으며 소책자 1권씩 챙겨드리며 재방문 시에는 저를 다시 찾도록 유도하였습니다.

　그 결과 4일간의 전시회 기간 동안 20건 이상의 주문신청을 받아낼 수 있었고, 브랜드내 예상 매출액보다 20%를 초과 달성할 수 있었습니다.
　입사 후 이러한 저의 영업력과 고객의 니즈를 파악하는 능력을 바탕으로 이랜드 SPA매장들의 매출을 20%이상 향상시키겠습니다.

☑ 롯데 코리아세븐 - 영업관리

 인근 세븐일레븐 또는 바이더웨이 점포 방문 후 그 후기를 적어주세요. (※일주일 이내 유효, 점포명, 방문시간 명기 必)

 방문점포: 세븐일레븐 ○○점
방문시간: 2014년 1월 13일 18:20분경

저는 저의 집 근처에 있고, 또 평소에도 자주 애용해온 세븐일레븐 ○○점에 방문했습니다. 제가 방문한 점포는 크기도 크고, 전체적으로 밝은 이미지였습니다. 또 편의점에 들어올 때 직원분의 밝은 인사와 미소가 인상적이었습니다.

특히 저는 식사테이블과 그 옆의 쓰레기통 근처를 눈여겨 보았습니다. 편의점에서는 식품이 매장 안에서 소비되는 경우가 많기 때문에 매장 음식으로 인해 쉽게 더러워지기 쉬운데, 이러한 작은 부분들이 그 매장의 이미지, 더 나아가 편의점브랜드의 이미지에 긍정 혹은 부정적인 영향을 끼치기 쉽습니다. 세븐일레븐 ○○점은 식사테이블과 그 옆의 쓰레기통이 깔끔하게 정리되어있어 청결하고, 깔끔하다는 인상을 받았습니다.

반면에 제가 방문했던 시간이 저녁 시간이고, 또 인근에 독서실이 두 군데가 있어서 그런지 삼각김밥, 도시락, 컵라면 등을 구매하는 학생들이 많았습니다. 그런데 식사테이블은 2명 정도밖에 먹을 수 없는 크기였습니다. 그러다 보니 추운 겨울임에도 불구하고 학생들이 편의점 외부에 놓인 테이블에서 식사를 하는 것을 보았습니다.

'편의점 내부에 테이블 크기가 좀 더 크다면 좋겠다.'라는 생각을 하게 되었습니다. 또 ATM기기가 입구 바로 놓여 있다보니 필요한 업무만 보고 돌아가는 사람들을 보았습니다. ATM기기를 편의점 내부의 끝에 놓게 된다면 고객이 업무를 보러 들어왔다가 진열된 상품을 보고 구매를 유도할 수 있을 것으로 생각했습니다.

☑ SK텔레콤 - 마케팅

주어진 자원(시간/비용 등)만으로 달성할 수 없을 것 같은 일을 기존의 방식과 다른 방법으로 시도하거나 본인이 주도해서 과감히 추진했던 경험에 관해 기술하세요.

※기존의 방식 = 통상적/상식적인 수준에서 할 수 있는 방식

※경험의 개수가 복수인 경우, 가장 의미 있는 경험 최대 2가지만 기술(1,000자 10단락 이내)

[고객의 입장에서 생각하고 새로운 솔루션을 제시하라!]

혁신은 대단하고 거창하게만 이루어지는 것이 아니라고 생각합니다. 기존의 고정관념에서 벗어나 자신의 주변에 작은 것에서부터 변화를 지향하는 자세와 그에 대한 관심으로도 새롭게 개선된 좋은 결과를 얻어낼 수 있습니다.

저는 대학교 2학년 시절 아르바이트를 통해 여름방학 2달 동안 50평 정도 크기의 주류회사에서 창고를 담당하여 관리해본 경험이 있습니다. 제가 집중적으로 맡았던 일은 양주와 와인 등을 보관하는 창고를 관리하는 것이었습니다.

기존 창고의 운영은 배달사원이 창고 안에 있는 물품을 가져가고 창고관리 사원에게 보고하는 방식이었습니다. 그러나 이러다 보니 창고정리가 깔끔하게 정리되지 않아 배달사원이 물품을 찾는 시간

이 오래 걸리는 상황이 발생하였습니다. 저는 이런 문제점을 파악하고 단순한 아르바이트생이 아닌 기업의 입장에서 배달사원은 고객이라고 생각해 보았습니다. 그리고 고객이 원하는 것에 대해 집중해 보았습니다.

그 결과 저희 고객들은 더욱 신속하게 원하는 물품을 창고에서 찾고 싶어 했고, 자주 주문되는 물품이 가져가기 용이한 위치에 있기를 원했습니다. 그래서 저는 물품이 빈번하게 들어오고 나가는 정도를 고려하여 창고의 물건을 재배치할 것을 제안했습니다. 또한, 물품배치의 명확한 구분을 위해 직접 벽 선반과 칸막이를 설치하여 고객들이 원하는 제품을 쉽게 찾을 수 있게 하였고, 더불어 창고의 부족했던 공간을 좀 더 넓게 활용할 수 있도록 정리하였습니다.

이후에도 변동되는 상황에 따라 고객을 위한 가치를 창조하기 위해 계속 관리방법을 바꾸었고, 그 결과 좋은 관리 상태가 계속 유지될 수 있었을 뿐만 아니라 물품을 찾는 시간도 평소보다 50% 이상 단축되어 업무의 효율성이 높아졌습니다.

업무를 효율적으로 하기 위해서는 새로운 아이디어로 성과에 이바지하고 환경변화에 유연하게 대처해야 한다고 생각합니다. 하지만 여기서 끝이 아니라 그런 아이디어가 고객을 위한 것이라야 고객과 기업 모두에게 이익이 된다는 것을 배울 수 있었습니다.

입사 후에도 맡겨진 업무를 수행할 때 항상 고객의 입장에서 생각하고 고객을 제일 먼저 고려하며 업무를 진행해 나가겠습니다.

☑ SK텔레콤 - 인턴

지금까지 살면서 가장 높은 수준으로 목표를 설정했던 경험에 관해 기술하세요. (아래의 요소를 반드시 포함)
- 목표 수준과 그러한 목표를 설정한 이유
- 목표 달성을 위한 과정상의 난관 및 그것을 도전/극복한 방법
- 최종 결과 및 성공/실패 원인, 그 과정에서 배운 점
※될 수 있으면 최근 5년 이내에 했던 중·장기 경험으로 기재 (1,000자 10단락 이내)

[소비자의 입장을 먼저 고려하여 돌파구를 찾다.]
<u>코리아나 화장품 서포터즈 활동</u>을 할 때입니다. 팀별 마지막 미션으로 직접 거리에 나가 화장품을 팔아 보는 미션이 있었습니다.

저희 팀보다 먼저 미션을 수행한 다른 팀들의 얘기를 들어보니 대부분 사려고 하지 않고, 매우 힘들었다는 말을 들었습니다. 마지막 미션이니 만큼 점수가 커서 이 미션만 잘 수행하면 대상을 받을 수 있었기 때문에 저희 팀은 일 등을 하기 위해서 철저하게 준비를 하기로 했습니다.

그래서 저희 팀은 다른 팀과 달리 우선 수요예측을 해보자고 하였고, 300장의 설문지를 만들어 고객들이 현재 가장 원하는 제품을 파악하였습니다. 이를 토대로 수행하였지만, 수요파악만으로는 부족하였는지 사람들의 이목을 끌지는 못했습니다. 재빨리 저희는 카페에 모여 회의를 하였고, 각종 이벤트와 함께하면 좋을 것 같다고 생각하였습니다. 룰렛 돌리기, 가위바위보게임 등 여러 가지 게임을 통하여 할인과 무료샘플 나눠주기 등 여러 가지 이벤트를 준비하였습니다.

그 결과 다른 팀은 200,000원 이상 수익을 올린 팀이 없었지만, 저희 팀은 468,000원의 수익을 기록해 팀 대상을 받을 수 있었습니다. 또한, 수익금은 전부 기부하여 성취감 또한 얻을 수 있었습니다. 이는 어려운 상황에서도 팀을 믿고 함께 해결하려 했던 결과라고 생각합니다.

앞으로도 항상 소비자의 관점에서 먼저 생각하고 남들과 다른 방식으로 접근하는 모습으로 SK텔레콤의 성장에 이바지하도록 하겠습니다.

☑ 한화무역 - 해외영업

 본인의 성장 과정을 기술하시오.

 [나만의 인생 살기]

제 대학생활은 철저하게 제가 계획하고 실천했습니다. 교환학생을 떠날 때는 모두가 선택했던 모스크바 대신 잘 알려지지 않은 민스크를 택했습니다. 주변에 의한 선택이 아닌 스스로 삶을 찾아 나서는 자세를 가졌습니다.

저는 사람을 통해 '삶'을 배웠습니다. 타지에서 만나는 사람들은 저마다 살아온 환경이 달랐기에, 서로의 경험을 공유함으로써 다른 세상을 간접적으로 체험할 수 있었습니다.

방과 후에 <u>민스크 학생들에게 한국어와 문화를 가르치고, 색다른 메뉴인 파프리카 부침개를 개발해 교환학생 요리대회의 우승을 차지</u>하며 매번 한 뼘씩 성장하였습니다. 저는 분명 고생을 사서 했습니다. 하지만 20대의 뜨거운 열정은, 도전을 성공으로 만드는 근성을, 목표를 달성했을 때는 자신감을, 그리고 실패했을 때는 겸손함을 느끼게 해 준 소중한 시간이었습니다.

신선한 에너지를 지닌 인재가 되어 가슴 떨리는 '한화무역'에서의 삶을 시작하고 싶습니다.

☑ IBK기업은행 - 행원

 성장 과정 (500자 이내)

 [특명 19살 그녀, 따듯한 도시락을 배달하라]
2011년 대학교 1학년 재학 중, 서초 YMCA에서 운영하는 봉사동아리 '나누리'에서 활동한 경험이 있습니다.
매주 토요일마다 담당하는 1분의 할머니 댁에 방문하고, 점심 도시락을 배달하는 것이 저의 임무였습니다. 2학년이 되면서 20명의 동아리 원 중 10명이 봉사보다는 학원을 선택하며 그만두었습니다.

토요일 오후 3시간 동안 학원을 다니며 공부하는 것도 중요하지만 제 선택에 의해 시작한 동아리 활동이었고 책임을 다해 마무리하는 것이 더 중요하다고 판단했습니다.
성심성의를 다해 활동을 지속한 결과 2013년 2월 2년간의 활동을 마쳤습니다.
이 경험을 통해 시작한 것의 마무리에 대한 책임과 뿌듯함을 느꼈고, 할머니께서는 저의 손을 꼭 잡으며 연신 '고맙다'는 말씀과 함께 눈물을 흘리셨습니다.

이러한 높은 책임감을 가진 저의 성격은 IBK에 입사 후에도 시작한 프로젝트가 어렵다 하더라도 끝까지 포기하지 않고 책임감을 가지며 마무리하여 성과를 창출해 내는 인재가 되겠습니다.

☑ 우리은행 - 행원

 자유롭게 본인을 소개해 주세요. (가족, 학창시절, 성장배경 등을 본인의 자서전 형식으로 작성) (1,750자 이내)

 [저는 실패를 두려워하는 장사꾼입니다.]

우리은행의 영업인으로서 철저한 준비로 현장에 나서겠습니다. 학창 시절, 용돈으로 모은 70만 원으로 <u>외국 브랜드 가방 구매대행 사업</u>을 구상했습니다. 하지만 실패가 두려웠습니다. 첫 사업의 리스크를 최소화하기 위해 학교 친구들에게 구매의사를 물어보고, 패션 웹사이트에 공동구매를 추진하는 등 철저한 시장조사와 선수요 창출을 통해 3개월 만에 약 200만 원의 순수익을 얻었습니다.

저는 실패에 대한 두려움을 거부하지 않습니다. 철저한 준비와 노력으로 성과를 견인하는 것이 가장 용감한 영업의 자세라고 믿습니다.

자소서를 요리하라

☑ 신한은행 - 행원

 지원 동기 및 포부, 성장 과정, 수학내용(휴학 기간 또는 졸업 후의 공백기 내용 포함), 본인의 가치관 및 인생관에 영향을 끼쳤던 경험 등을 주제별로 구분하여 자유롭게 기술해 주세요. (3,500자)

 [모든 일을 나의 일과 같이]

'세상의 필요한 빛이 되자'는 저의 좌우명입니다. 이를 위해 솔선수범의 자세로 언제 어디에서나 필요한 존재가 되기 위해 노력하였습니다.

2012년 <u>스터디 카페에서 6개월간 일한 경험</u>이 있습니다. 방학이 끝나자 회원 수가 줄어드는 모습을 보았고, 다시 회원 수를 늘리기 위한 대책을 세우기 위해 곰곰이 생각하였습니다. 우선, 친구들 약 30명에게 설문조사를 하여 스터디를 통해 얻고 싶은 것에 대해 파악하였습니다.

이를 바탕으로 10여 개의 스터디를 재구성하였습니다. 또한, 가게가 개점한 이후로 한 번도 하지 않은 홍보활동이 필요하다고 생각하였고, 대학생들이 블로그를 즐겨보는 특성을 고려하여 블로그를 통해 홍보할 것을 사장님께 제안하였습니다. 매일 블로그 관리와 더불어 벽보를 만들어 주변 학교에 붙였습니다.

그 결과, 1달 사이에 70여 명의 회원 수가 늘어나게 되었고, 사장님으로부터 월급의 10%인 상여금도 받을 수 있었습니다.

이렇듯 전반적인 가게 관리를 자발적으로 주도함으로써 쌓은 기획력과 책임감은 고객의 니즈를 공략할 플랜을 수립하고, 상품수요를 극대화 하는데 기여할 것이라고 확신합니다. 무엇보다, 나의 발전이 곧 회사의 발전이라는 것을 명심하고, 누구보다 적극적인 자세로 끊임없는 자기계발을 하여 신한은행의 발전에 보탬이 되겠습니다.

☑ 대한항공 - 지상직

 항공사 직원이 함양해야 할 국제적 감각이란 무엇이며, 이 역량을 배양하기 위해 본인은 어떠한 노력을 기울였는지 기술하시오. (600자 이내)

 [이해와 소통은 글로벌 사회의 경쟁력]
글로벌 산업의 선두주자인 대한항공 직원이 함양해야할 국제적 감각, 바로 '이해'와 '소통'입니다. 온 세상을 무대로 하는 항공 산업의 특성상 다양한 사람과의 만남은 필수적입니다. 틀린 것이 아닌 다른 것을 이해하고 스스로 솔선수범하여 소통하려는 노력은 세계 어디에서나 통용되는 경쟁력이자 역량이라고 생각합니다.

저는 글로벌 감각을 배양하고 외국 문화와 사람을 이해하기 위해 한일청소년 교류캠프와 G20 서울회의의 통역봉사활동에 힘썼습니다. 한일청소년교류캠프에서는 한국 및 일본 고교생들의 동시통역자이자 멘토로서 활약하였습니다. 그들을 잇는 가교역할을 하였을 뿐만 아니라 한일 양국 학생들 간의 갈등을 중재하며 서로 이해하고 소통하는 과정을 스스로 경험해 볼 수 있는 시간이었습니다.

G20 서울회의 봉사활동 당시, 한참을 혼자 고민하던 외국인에게 먼저 다가가 길을 알려드렸고, 그 결과 '참 좋은 봉사자구나' 라는 칭찬을 들을 수 있었습니다. 미군참전용사인 그의 가슴에 함께 달린

태극기와 성조기 배지가 눈에 띄었습니다. 이해와 소통의 힘이 작게는 서로의 거리감을 좁히고 크게는 긍정적 국가 이미지로의 불씨가 된다는 사실을 깨달았습니다.

☑ 대한항공 - 기계

 자신에게 주어진 일이나 과제를 수행하는 데 있어, 고정관념을 깨고 창의적으로 문제를 해결했던 사례에 대해 구체적으로 기술하시오. (600자 이내)

 [카멜레온]
변화가 필요할 땐 변해야 합니다. 새로운 시도가 변화를 만들기도 합니다.

2010년 7월부터 6개월간 역삼동 ○○헬스장에서 퍼스널트레이너로 근무했습니다. 회원들도 많고 트레이닝도 많았지만 낮 시간엔 드물었습니다. 저희 센터를 홍보하는 홍보팀이 있었는데 점심시간에 전단도 돌리고 직접 영업도 뛰면서 적극적으로 홍보했습니다.

하지만 생각보다 고객들의 반응이 좋지 않았습니다. 홍보팀 사람들의 겉모습이 고객들의 흥미를 유발하기 힘들었습니다. 그래서 저는 트레이너팀이 직접 전단을 돌리고 영업도 하겠다고 제안했습니다. 나가기 전 운동하여 펌핑시키고 강남역 사거리로 나갔습니다. 그랬더니 관심을 보이는 고객들이 몇몇 보였습니다. 트레이너팀이 나가서 홍보하는 날엔 매출이 1.5배 뛰었습니다.

이처럼 상승세가 주춤할 땐 새로운 변화가 필요합니다. 트레이너란 타이틀은 잠시 내려두고 헬스장에서 트레이닝만 시켜야 한다는 고정관념을 깨고 자신의 고객을 유치한다는 생각으로 홍보하니 더욱 적극적인 홍보가 되고 고객들도 운동에 대해 신뢰를 가질 수 있었습니다.

이러한 경험을 바탕으로 대한항공에서도 카멜레온처럼 필요한 곳에 필요한 인재가 되어 세계 최고의 항공사를 만드는 데 일조하겠습니다.

☑ 아시아나항공 - 지상직

 예상치 못했던 문제로 인해 계획대로 일이 진행되지 않았을 때, 책임감을 가지고 적극적으로 끝까지 업무를 수행해내어 성공적으로 마무리했던 경험이 있으면 서술해 주십시오.

 [새로움이 타고 있다]
시드니에서 5개월간 레스토랑 웨이트리스 일을 했습니다. 그런데 당시 갑작스럽게 찾아온 호주의 경기 불황 탓에 상대적으로 가격대가 비쌌던 저희 식당은 손님들이 줄어들기 시작했습니다.

그러던 중 밖에 사람이 많아 보이면 자연스레 고객들이 맛집으로 생각하여 발길이 이어질 거라 생각한 저는 사장님께 낮에 오는 손님들은 되도록이면 모두 야외로 모시자고 말씀드렸습니다. 또한 일교차가 심한 저녁에는 디너메뉴와 디저트를 묶어 1+1 형식의 할인된 가격으로 음식을 제공하면 어떻겠냐고 제안하였고 이를 수락하신 사장님께선 다음날부터 직원들과 함께 이 아이디어를 실행에 옮겼습니다.
역시나 제 예상은 맞아떨어졌습니다. 손님들의 반응은 뜨거웠고 두 가지 아이디어로 인한 가게매출액의 증가는 전월 대비 20%를 넘었습니다.

제가 제안했던 작은 생각의 전환은 저에게 '새로움이 타고 있다.'라는 아시아나 항공 캠페인 문구처럼 창의적 서비스 콘텐츠의 지속적 개발의 중요성을 일깨워주었습니다.

☑ OB맥주 - 영업관리

 타인과 차별화될 수 있는 자신만의 장점 및 역량

 [영사원으로서 필요한 커뮤니케이션]
2008년 신촌 세브란스병원 소아심장과 외래팀에서 6개월 간 파견사원으로 일할 당시, 팀원 및 내원고객들과의 원활한 커뮤니케이션으로 높은 CS평가를 달성했던 경험이 있습니다.

저의 주 업무는 내원고객을 응대하고 진료를 안내하는 일이었습니다. 10분마다 진료보조 담당 간호사, 외래업무 담당 선생님과 얘기하며 진료상황을 파악하여 고객이 7명 이상으로 몰리지 않도록 조정했습니다. 이를 토대로 고객들께 대기시간을 알려드리고 다른 검사를 먼저 권유하며 안내했습니다.

또한, 대기시간이 30분 이상으로 지체된다면 고객에게 대기 고객수를 정확히 말씀 드리고 양해를 구하기도 했습니다. 평균 대기시간 15분 이내의 진료과정과 직원들의 친절한 안내로 소아심장과는 1월 CS평가에서 52개팀 중 2위를 거두었습니다.
이처럼 저는 제가 소속된 팀과 응대해야 하는 고객 사이에서 입장의 차이를 중재하는 커뮤니케이션을 발휘해 왔습니다. 앞으로 오비맥주에서도 회사 내 동료들과 자주 소통하며 팀워크를 강화하겠습니다. 또한, 회사와 대리점 및 고객의 연결고리 영업사원이 되어 오비맥주 매출 신장에 기여하겠습니다.

☑ LG패션 - MD

 본인이 지원한 직무를 선택한 이유를 말씀해 주시고 그 직무를 수행하기 위해 남들과 차별화되어 준비된 역량이 있다면 설명해주세요. (최대 500자)

 [견적고객의 여왕!]
지난 여름 <u>한샘에서 가구시장을 분석하고 맞춤전략을 통해 최다계약 연결사원</u>으로 뽑혔습니다.

원목가구의 유행트렌드를 파악하고, 고객층을 구매동기에 따라 신혼, 이사, 개비로 분류한 상담을 진행해 니즈를 정확하게 만족시켰습니다. 또한, 고객과의 관계에서 피어난 신뢰로 공간에 대한 제안을 덧붙였습니다. 소파에 어울리는 러그를 추천하거나 가죽관리의 어려움을 덜어주는 클리너세트를 제안해 생활용품 연계율을 높였습니다.

꼭 필요하지 않은 가구를 고민하고 있는 고객에게는 정직하게 한 번 더 생각해 볼 것을 권유하면서 재방문 시 저를 다시 찾도록 유도하였습니다. 진심 어린 태도와 성실한 고객관리로 만족도와 연고추천이 늘어났습니다. 당월 매출 8천만 원이라는 값진 결과로 뿌듯한 마무리를 하였습니다.
시장과 소비자에 대한 완전한 이해를 통해 완벽한 제품을 제공하는 통찰력과 열린 마음으로 사람을 대하는 소통능력을 통해 LG패션에서 최고의 성과를 내겠습니다.

☑ 태평양물산 - MD

 자신의 사회 활동(또는 전 직장 경험) 중에서 가장 성취감을 느꼈던 일 한 가지를 상세히 기술 (500자 이내) (신입의 경우에는 사회활동 경험 중에서 작성)

 [스카프 제작-전시-판매]

 대학교 4학년 시절 2012년 6월 20부터 30일까지 10일 동안 <u>인사동 갤러리에서 스카프 제작, 전시 및 판매를 한 경험</u>이 있습니다. 4개월간의 준비를 통해 직접 디자인하고 제작한 12개의 스카프를 판매하였습니다.

 스카프 디자인과 재료를 결정하고 제작하여 전시장에 설치하고 판매하는 모든 과정에 참여하면서 상품을 선택하고 판매를 기획하는 역할을 경험해 보고 배울 수 있었습니다. 같은 대학교 섬유예술과 학생 25명과 함께 각자 제작한 공예품의 전시를 준비하며 팀워크를 쌓고 효율적으로 역할을 분담하여 일을 진행했습니다.

 특히 준비과정에서 마지막 1주일간은 하루에 2시간씩 잠을 자며 목표를 향해 열정적으로 도전하였습니다.

 그 결과 1,900만 원 이상의 놀라운 매출을 낼 수 있었습니다. 이러한 경험을 바탕으로 고객이 만족할 수 있는 상품을 통해 최고의 성과를 이루겠다는 목표를 향한 열정을 가지고 노력하며 일하는 태평양물산의 사원이 되겠습니다.

☑ 현대하이스코 - R&D

학창/사회생활 간 다른 사람들과는 차별화된 생각을 바탕으로 남다른 성취를 이루어낸 경험을 구체적으로 기술하여 주시기 바랍니다. (800자)

[우리들만의 UCC 제작]

대학생들의 꿈을 찾아가는 '드림파머스'에 참여하여 팀장을 맡은 적이 있습니다. 최종과제로 모두의 꿈을 담은 UCC를 제작해야 했습니다. 기나긴 팀 회의 끝에 '어릴 적 꿈'이라는 주제를 잡고 이제는 UCC를 어떠한 방식을 사용하여 만들지에 대해 회의를 진행해 갔습니다.

동영상을 찍자, 사진을 붙여넣자, 파워포인트를 사용하자 등에 많은 의견이 나왔지만 주제가 평범했기에 그러한 방식으로는 사람들의 눈길을 사로잡기에는 역부족이라 생각 했습니다. 팀장으로서 책임감을 가지고 며칠간 고민한 끝에 사진과 그림, 동영상을 모두 합하여 제작하면 어떨까 생각했습니다.

저의 구체적인 아이디어는 팀원 모두의 얼굴을 표정별로 여러 장 찍을 후에 포토샵을 사용하여 얼굴만을 잘라내고 몸은 태블릿 PC를 사용하여 그림으로 그려 표현한 뒤 모두 이어 붙여 UCC를 완성하는 것이었습니다. 팀원들 모두가 좋은 아이디어라며 동의하였습니다. 손이 많이 가는 작업이었지만 모두가 만족할 만한 과제를 제작할 수 있었고 UCC 발표회에서 저희 팀은 모두의 뜨거운 박수갈채를 받을 수 있었습니다.

저의 장기적인 경력목표는 UCC를 제작했을 때와 같이 새로운 것을 창조하는 것입니다. 새로운 기술개발 혹은 제품을 통한 기업의 혁신은 블루오션을 개척하고, 각종 비용을 절약시켜 기업의 미래를 책임지게 됩니다.

현대하이스코 또한 신공법개발을 통해 계속해서 이러한 혁신을 할 수 있다고 믿습니다. 생산기술 업무 속에서 적어도 한 가지의 새로운 패러다임을 창조하여 현대하이스코에 이바지하고 싶습니다.

☑ 현대미포조선 - 품질관리

자기소개 (주요사항을 중심으로 간략히 기재)

[밀어줄께, 걱정 마!]
저는 도전정신이 강합니다.
2012년 4월 분당 율동공원에 갔습니다. 친구의 권유로 <u>익스트림 스포츠인 번지점프</u>를 뛰기 위해서였습니다. 평소 고소공포증으로 인해 높은 곳이라면 겁부터 먹는 제게 있어 번지점프는 모험이었습니다. TV에서만 봐왔던 번지점프대를 실제로 보게 되자 '내가 정말로 뛸 수 있을까?'라는 두려움이 생겨났습니다.

하지만 용기를 냈습니다. 25,000원의 요금을 지불하고 45m 높이에 있는 점프대를 향해 올랐습니다. 굳은 저를 위해 함께 간 친구가 먼저 뛰라며 만약 못 뛰어도 뒤에서 밀어줄 테니 아무 걱정 말라는 농담까지 하며 긴장을 풀어주려 했습니다. 그리고 점프대에 서게 된 저는 아찔함에 아무 생각도 할 수 없었습니다. 이어진 조교의 카운트와 함께 이루어진 첫 시도는 짤막하게 외친 '잠시만요'와 함께 뛰지 못했습니다.

다시 한 번 심호흡을 한 뒤 '나는 할 수 있다' 를 되뇌며 힘차게 뛰어내렸습니다. 비명과 함께 20초 정도의 시간 동안 하늘을 날고 있었습니다. '45m 번지점프 성공을 축하합니다.' 라는 글귀가 적힌 인증서를 받고 나서야 정말 뛰어내렸다는 실감이 났습니다.

입사 후 맡은 바 업무를 해나가며 현대미포조선과 저의 성장을 위한 도전을 멈추지 않겠습니다. 현재에 안주하지 않고 끝없는 품질 선진화를 이루어 내겠습니다.

☑ 현대건설 - 시공

 자유기재 (500자 이하)

 [치킨집을 운영하다]
2010년 11월부터 다음 해 2월까지 치킨집 아르바이트를 하는 동안에 혼자서 가게를 운영한 경험이 있습니다. 평소 일할 때 내가 운영하는 가게라는 생각으로 주인의식을 가지고 일했습니다.

술의 판매량을 늘리기 위해 견과류의 기본안주를 추가하였고, 매장 정리정돈 방법을 정착시켰으며, 단골손님을 만들기 위해서 친절하게 서비스를 했습니다.
그 때문에 사장님은 저를 신뢰하셨고, 서빙일 뿐만 아니라 치킨을 만들고, 물건을 받고 전반적인 운영을 함께하는 동업자로 생각해 주었습니다.

저 또한 단순히 급여를 받기 위해 일을 하는 것이 아니라 가게를 위해서 일했습니다. 하루는 8개월 동안 가게를 쉬지 못하던 사장님은 저에게 가게를 맡기신 적도 있었습니다. 그날 저는 평소 20마리 정도 팔던 닭을 30마리를 팔아 매출을 올리는 결과를 얻기도 하였습니다.

현대건설 직원으로 입사한다면 회사와 함께 성장한다는 마음가짐으로 주인의식을 가지고 모든 일에 적극적으로 임하겠습니다.

☑ CJ 푸드빌 - SCM(공급망관리)

 대학생활 중 가장 성취감이 컸던 경험과 목표달성을 위한 본인의 노력에 대해 기술하여 주십시오. (1,000자)

 [켈리포니아의 시장 한복판에서 입간판이 되다]
2011년 <u>미국에서 교환학생으로 식품 소비자연구 인턴을 하며 열정적으로 패널을 모집했던 경험</u>이 있습니다.

기호도 조사를 위해 필요한 소비자 패널 100명을 모집해야 했습니다. 3명의 인턴이 더 있었지만 포스터를 붙이고 인터넷 게시판에 글을 올리는 정도의 소극적인 자세로 17명밖에 모으지 못했습니다. 그러자 유사 실험에 이미 참여해서 자격요건에 맞지 않던 사람을 포함시키자는 의견이 나왔습니다.

저는 그것은 데이터를 조작하는 것과 같다고 생각했습니다. 대신 남은 2주 동안 사람들이 모이는 파머스 마켓에서 적극적으로 패널을 모집할 것을 제안했습니다. 다른 인턴들과 토의를 거치며, 1주일에 2회씩 마켓에서 직접 모집하기로 설득했습니다. 그렇게 부정과 비효율을 수용하지 않는 '정직'의 가치를 지켰습니다.

또한 패널모집이라는 공동의 목표를 위해 입간판이 되는 '열정과 창의'를 쏟았습니다. 처음엔 외곽에서 간이 테이블을 두고 모집을 시작했습니다. 하지만 행인이 적고 무관심 했습니다. 이것을 해결하기 위하여 옆 가게와 협력하는 방법을 생각했습니다. 가게 앞은 지나는 사람들이 많았고, 관심을 끌기에도 좋았기 때문입니다. 사장님은 처음엔 곤란한 표정을 지으셨지만, 가게 홍보와 쿠폰 배부도 함께 한다는 제안에 허락하셨습니다.

사장님의 지지를 받아 스피커를 설치했고, 저는 직접 그린 포스터를 몸의 앞뒤에 두르며 입간판을 자처했습니다. 그렇게 다른 인턴들과 하루 5시간씩 2주간 함께 열정을 발휘한 결과, 행인들의 관심을 끄는 데 성공했고 목표한 인원을 초과한 156명을 모집했습니다. 또한 그 기간 동안 가게에 있던 쿠폰 600장을 모두 배부하였고, 손님도 약 30% 이상 증가 하였습니다.

푸드빌에 입사한 후에도 정직, 열정, 창의의 가치를 발휘하는 CJ인이 되겠습니다. CJ WAY에 대한 믿음과 실천으로 2020년 글로벌 생활문화기업 GREAT CJ의 목표를 달성하는 데 동참하겠습니다.

베트남 쌀국수집의 월남 쌈, 전주비빔밥 또는 궁중 요리로 유명한 신선로를 드셔 보신 경험들이 있으신가요? 이러한 요리들은 재료를 어떻게 배치하였습니까? 다양한 재료들을 가지런하게, 보기 좋게 그리고 먹기 좋게 배열하여 소비자에게 딱 먹고 싶은 마음이 들도록 배치하고 있습니다. 만약 월남 쌈의 재료들이 뒤죽박죽 배열이 되어있다면 먹기도 전에 입맛이 달아나 버릴 수 있을 것입니다.

자기소개서도 마찬가지입니다. 아무리 신선한 재료와 독특한 양념이 가미되어 있는 요리라도 먹음직스러워 보이지 않게 세팅이 된 음식에는 선뜻 손이 가지 않는 것과 같습니다. 자기소개서의 내용도 물론 중요하지만, 처음 자기소개서를 보았을 때 한눈에 쏙 들어오게 하여 짧은 시간에 주요 내용의 이해도를 높이는 것도 매우 중요합니다.

맛있는 요리를 조리하는 세 번째 recipe know-how는 "데코레이션" 즉, 자기소개서를 정리와 정돈을 통해 배치함으로써 가독성을 높여야 한다는 것입니다.

저는 대기업에서 그것도 건설, 제조, 교육, 유통 등 4개의 업종에서 18년 동안 인사업무를 담당하면서 신입사원뿐만 아니라, 다양한 연령대의 경력사원들의 지원서를 직접 검토하고 면접을 본 후 우수인재를 선발하였습니다.

이때 경력사원들은 여러분들과는 달리 자기소개서보다는 이전 회사에서 담당했던 직무 중심의 내용으로 작성된 '경력기술서'라고 하는 보고서 형태의 지원서로 전형을 하게 됩니다.

　경력기술서의 내용은 긴 문장으로 풀어쓰는 형태가 아닌 대분류, 중분류, 소분류의 형식으로 보고서처럼 끊어서 간결하게 작성됩니다.
　또한, 숫자나 도표, 그래프 등을 통하여 수행했던 업무를 요약하거나 본인의 성과를 정량화하여 나타냄으로써 그 효과를 극대화합니다.

　따라서 내가 가진 타인과 구별되는 직무와 관련된 특별한 경험을 보기 쉽게 숫자를 사용하여 보고서 형태로 나타낸다든지, 내가 주장하는 내용의 구체적인 근거를 차례차례 간결한 문장으로 나타낸다면 내용의 이해도 쉬울 뿐 아니라, 분석력도 갖추고 있다고 느낄 수 있습니다.

> ① 톡톡 튀는 소제목 달기
> ② 1. 2. 3. 등의 아라비아 숫자 활용
> ③ 첫째, 둘째, 셋째 등의 순서를 정함
> ④ 줄바꿈과 줄띄움을 통해 최대한 가독성을 높임

☑ CJ 프레시웨이 - 영업관리

　여러분이 선택한 계열사 및 직무에 대한 지원 동기는 무엇인가요? ① 선택한 계열사가 아니면 안 되는 이유, ② 직무에 관심 갖게 된 계기, ③ 본인이 직무를 잘 수행할 수 있는 이유(본인의 강점, 준비, 관련 경험에 근거)를 반드시 포함하여 구체적으로 작성해 주세요. (1,000자)

자소서를 요리하라

[영업전쟁에서 승리하기 위한 세 가지 필승카드]

<u>1. 좋은 무기입니다.</u>

저는 롯데리아 본사에서 구매거래처, 가맹점 고객들과 협업한 경험이 많습니다. 구매처와 공급물량을 맞추기 위해 많은 조율을 했으며, 가맹점 컴플레인 처리를 통해 협상 능력도 길렀습니다.

이를 통해 익힌 협상과 조율능력은 식자재 유통 영업을 하는 강력한 무기가 될 것입니다.

<u>2. 뛰어난 전략입니다.</u>

뛰어난 전략은 정확한 이해에서 비롯됩니다. 롯데리아 근무 시 식품과 유통에 대한 이해도 높였습니다. 유통기한에 민감한 식자재의 배송과 보관방법, 효율적 유통망 활용을 통한 비용절감 등이 그러한 것들입니다.

식품과 유통에 대한 높은 이해도를 바탕으로 시장에서 승리할 수 있는 영업전략을 수립하겠습니다.

<u>3. 많은 경험입니다.</u>

저는 15년간 어머니께서 운영하시는 제과점 일을 도우며 고객 응대를 했습니다.

빵 맛이 이상하다며 먹던 빵을 반품해 달라고 가져오는 손님, 많이 샀으니 덤으로 빵을 달라고 하시는 어르신 등 다양한 고객들이 있었습니다.

처음에는 응대가 어려웠지만, 나중에는 노하우가 생기면서, 응대를 넘어 많은 단골 고객들과 친분까지 쌓을 수 있었습니다.

이 경험들은 CJ프레시웨이 입사 시 영업현장에서 고객을 응대하는 기본 역량이 될 것입니다.

이러한 저의 세 가지 필승카드로, 치열한 식자재 유통 영업전쟁에서 반드시 승리하겠습니다.

 여러분의 대학생활 중 가장 뛰어난 성과를 이뤄냈던 경험을 구체적으로 적어주세요. ① 그 일을 시작한 계기, ② 노력한 과정과 결과, ③ 뛰어난 성과라고 생각하는 이유를 반드시 포함하여 작성해 주세요. (1,000자)

 [C.C(캠퍼스 커플)를 만들어 드립니다]
대학 시절 저는 교내 봉사동아리를 하면서 장애인 지원에 대해 많은 관심을 가지게 되었습니다. 한번은 봉사동아리 친구들 중, 저와 같이 장애인 복지에 관심을 가진 친구들 10명과 같이 장애인을 위한 기부를 추진한 경험이 있습니다.
기부금의 재원 마련을 위한 논의 끝에 저희는 다음과 같은 사업을 구상하게 되었습니다.

1. 사업명 : C.C를 만들어 드립니다.

2. 개 요 : 교내 학생들을 대상으로 회원을 모집한 수, 각자 맞는 이상
           형과 만남을 주선하는 방식

3. 목 적 : 기부금 마련이라는 선의의 목적과 학생들에게 솔로 탈출의
           기회라는 일석이조의 목적

4. 수익원 : 회원가입시 1인당 3,000원, 만남이 잘 성사되고 좋은 결과
           가 있을 경우 회원들의 자발적인 기부 환영

이와 같은 세부 계획을 수립하고, 인터넷 학교 게시판과 교내 학보 등에 홍보했습니다.

☑ 이랜드 - 패션MD

위에서 표현되지 못한 자기소개를 간단하게 적어 주십시오. (1,600자 미만)

[남자 넷, 그들과 친해지기]
　저는 사람을 대하는 것에 자신이 있습니다. 모르는 사람에게도 말을 잘 붙이고, 선한 웃음과 배려의 말투로 대합니다. 그리고 나보다 타인의 이야기에 먼저 집중합니다. 그래서 어린이나 할아버지와도 친구와 같은 편안한 관계를 만듭니다.
　미국 모자 제조업체 FLEXFIT에서 근무할 당시, 네 명의 남자로 구성된 마케팅부서에서 처음으로 당황스러움을 느꼈습니다. 문제는 다음과 같았습니다.

　1) 소속감을 갖기 힘들었습니다.
　본래 제가 파견된 부서는 영업MD팀이었고, 비자 문제로 출국하지 못한 친구를 대신하여 마케팅 부서에서는 일주일 중 이틀만 근무했기 때문입니다.

　2) 업무 지시가 없었습니다.
　남자 넷은 모두 자유분방한 성격으로, 저에게 하고 싶은 일을 해보라는 말만 하고 각자의 일에 충실했습니다.

　3) 새로운 영어를 맛보았습니다.
　각종 속어를 사용하는 그들의 영어는 마치 저에게 알아듣기 힘든 영어 랩과 같았습니다.

　저는 3개월 동안 최대한 많이 배워가려면 일단 그들과 친해지는 것이 가장 중요하다고 생각했습니다. 그래서 다음과 같은 노력을 했습니다.

1) 생각과 행동을 바꿨습니다.

스스로 뛰어난 인재이기 때문에 두 개의 부서에서 일하는 것이라 생각하며 마케팅을 내 일로 받아들였습니다. 그리고 영업 팀 출근일에도 마케팅 부서에 출퇴근 인사를 하였고, 마케팅 부서 회식에 참석했습니다.

2) 스스로 제안서를 제출하였습니다.

홈페이지에 개선이 필요한 사항, 박람회 부스의 콘셉트 등을 제시하고, 자사와 함께 시너지 효과를 창출할 수 있는 패션 브랜드를 제안하기도 했습니다.

3) 1:1 대화를 먼저 시도했습니다.

자가용의 도움이 필요할 때는 마케팅 팀원에게 부탁했고, 자연스럽게 깊은 대화를 나누며 친해졌습니다.

당시 마케팅 팀원들은 저에게 처음으로 만난 '어려운' 사람이었지만, 지금은 한국으로 귀국한 뒤에도 연락하고 지내는 사람들입니다. 이제는 어떠한 새로운 사람을 만나더라도 친해질 수 있다는 자신감이 생겼습니다.

☑ LG서브원 - 영업관리

 인생에서 가장 열정을 쏟았던 본인만의 경험을 구체적으로 기술해 주시기 바랍니다. (600자)

 [외국친구들이여, 나를 따르라!]
도전하는 자만이 기회를 얻을 수 있고, 그 기회는 준비된 자만이 살릴 수 있습니다.

2013년 겨울, 영국에서 지내는 동안 중고의류가게 AGE UK에서 근무했습니다. 언어를 향상하고자 하는 예상과 다르게 외국학생들은 모두 창고에서 일하고 있었습니다. 그들은 창고에서 물품을 분류하는 것이 당연한 일이라 말했지만 저는 목표 성취를 위해 다음과 같이 창고 탈출 전략을 세웠습니다.

1. 열정 어필 어학 자격증 취득
매일 20분 일찍 출근하여 고객 응대를 하고 싶은 저의 열정을 매니저에게 어필했습니다. 하지만 '백문이 불여일견'. 아시아 학생들에 대한 선입견을 없애기 위해서 필요한 것은 백 마디 말보다 한 장의 자격증명서였고, 저는 2개월 만에 해당 자격증을 취득했습니다.

2. 고객 만족 100% 물품리스트 제작
주 고객층이 60~70대의 방언을 쓰시는 노인분들이었습니다. 고객과의 소통 문제를 줄이기 위해 가게 내 물품들을 품목별로 정리하여 리스트로 만들었습니다. 구역별로 알파벳을 지정하고 위치에 따라 번호를 붙였습니다. 약 100여 가지의 다양한 물품들을 한눈에 볼 수 있게 해주는 물품 리스트를 제작했고, 고객과 기존 근무자 모두가 좀 더 효율적으로 소통할 수 있게 해주었습니다.

이와 같은 3개월 동안의 노력으로 저는 외국인 학생 최초로 창고에서 벗어나 외국인 고객들을 상대로 영업 활동을 할 수 있었습니다. 이후 영업 활동의 25%가 외국인 학생으로 구성되었고, 근무 5개월 차, 효율적인 업무를 위하여 신입 외국인 학생들을 교육하는 사원 관리 업무를 담당하게 되었습니다.

☑ SK텔레콤 - 인턴

 어떠한 일에 가장 크게 몰입해서 '재미있게' 했던 경험에 관해 기술하세요.
- 몰입하게 된 배경 또는 이유. 그 과정에서 얻은 점과 잃은 점
- 전공 분야 관련 학업에 대한 몰입 경험은 제외
  (ex. 학점 올리기, 장학금 이수 등을 목적으로 한 경험)
※될 수 있으면 최근 5년 이내에 했던 경험으로 기재 (1,000자 10단락 이내)

 [밤의 꽃 야광봉 판매]
경영학과에 다니면서 이론 수업만 들어 왔던 저는 앞으로 입사하게 될 기업의 직무를 직접 몸으로 체험해보고 싶었고, 기업이익 창출의 근원인 영업에 도전해 보기로 마음먹었습니다.

친구와 함께 학생인 우리가 초기 자본을 가장 적게 들이고 할 수 있는 일을 생각해 보았고, 축제기간에 야광봉을 판매해 보자고 결론을 지었습니다. 총 3일의 축제기간 동안 매일 야광봉을 팔았습니다.

첫째 날에는, 이런 경험이 처음인 터라 아무런 계획 없이 시작하였고, 이미 좋은 자리에는 다른 야광봉을 파는 사람들이 그 자리를 지

키고 있어서, 학교 안을 돌아다니면서 팔아야 했습니다. 학교 안에 있는 사람들은 이미 대부분 입구에서 사서 들어왔기 때문에 수요가 많지 않았습니다. 그렇다 보니 준비했던 야광봉 500개 중에 1/3도 팔지 못했습니다. 그래도 짧은 시간 안에 적지 않는 돈을 벌 수 있어 점점 흥미와 도전의식이 생겼습니다.

둘째 날에는, 마케팅시간에 배운 상권분석을 활용하여 유동인구가 가장 많이 몰리는 학교 입구에 축제가 시작하기 전에 자리를 잡았고, 결과는 기대 이상이었습니다. 총 500개 중 400개 이상을 팔아 200,000만 원 정도의 수익을 올렸습니다.

셋째 날에는, 전략을 바꿔 타겟팅 기법을 활용해 주 고객 대상을 여성에 맞추어 여대생들이 가장 많이 몰려있는 미술대학 주변을 돌아다니며 팔았고 남은 형광봉을 모두 팔 수 있었습니다.

이 경험을 통해 저는 축제를 제대로 즐기지 못하고 형광봉만 팔았다는 손실이 있었지만, B2C 영업을 조금이나마 배울 수 있는 계기가 되었고, 무엇보다 입지선정과 고객 타겟팅이 매우 중요하다는 걸 느낄 수 있었습니다.
SK텔레콤에 입사 후 항상 철저한 시장/고객 분석을 통한 전략으로 임하도록 하겠습니다.

☑ 롯데 코리아세븐 - 영업관리

 (주)코리아세븐이 본인을 채용해야 하는 이유를 3가지로 설명하시오.

 [매출향상을 위한 3가지 아이디어]

첫째, 저는 코리아세븐의 매출향상을 위한 아이디어를 꾸준히 생각해왔습니다.

예를 들어 저는 초콜릿이나 사탕 등 간식류를 좋아합니다. 그래서 세븐일레븐 매장에 방문하면 1+1이나 2+1 상품 등 프로모션 간식 상품을 많이 구매합니다. 그런데 프로모션을 진행하는 날짜와 기간을 잘 알지 못하는 경우가 많습니다. 그래서 행사 기간이 얼마 남지 않았을 경우 대량 구매하거나, 행사기간이 아닐 경우 다음번 행사기간을 기다리기도 합니다.

저는 이런 점을 개선하기 위해 코리아세븐에서 캐시비카드의 정보 등을 활용해 문자나 이메일로 DM을 발송하여 프로모션에 대해 홍보하는 것도 좋은 방법이라고 생각합니다.

둘째, 저는 제가 맡은 점포의 매출을 향상 시킬 자신이 있습니다.

예를 들어 제가 편의점에서 아르바이트를 할 때 샌드위치는 오전에 팔리는 제품이라 생각하여 오전에 판매되는 양을 기준으로 발주하고, 오후에는 폐기제품이 나오지 않도록 발주량을 최소화했습니다. 그러나 저는 직장인이 밤 시간대 아침 식사 대용으로 샌드위치를 구입하는 일을 자주 보았습니다. 그래서 '샌드위치는 아침에만 판매할 수 있는 것이 아니다.' 라고 생각을 했고, 점장님께 허락을 받아 〈내일 아침, 간편한 아침 식사를 위한 샌드위치〉라는 POP를 만들어 부착했습니다.

그랬더니 실제로 샌드위치 저녁 판매량이 확연히 올랐습니다. 이처럼 저는 매장에서 근무하면서 매출향상을 위한 방안을 생각하고, 실행하여 코리아세븐의 매출 향상에 기여하겠습니다.

셋째, 저는 고객과 소통하고, FC가 되었을 때 점주님들과 소통을 잘 할 자신이 있습니다.

저의 어머니께서는 일구회라는 봉사활동 단체에서 활동하고 계십니다. 저는 어머니의 권유로 이주일에 한번씩 어머니와 함께 일구회 봉사활동을 하고 있습니다. 일구회는 어른들로 구성된 봉사단체인데, 이 단체에서 꾸준히 활동하다 보니 어른들과 소통할 수 있는 방법을 터득했습니다.

이러한 경험을 바탕으로 영업관리직을 수행하며 고객과 점주님, 그리고 회사 직원들과 소통하며 회사의 발전에 기여하겠습니다.

☑ 튼튼영어 - 행정

 자신이 열정을 발휘하여 성취감을 느꼈던 경험 3가지에 대해 기술해 주십시오. (200자 이내)

 1. AXA손해보험 직원들을 위한 「자동차 보험 관련 주요법규 및 규정 해설서」를 책자로 직접 만들었고, 이것이 직원들 업무평가에서 시험자료로 채택된 일

2. 2010년 8월 학교에서 주최하는 12박 13일, 350km의 대장정을 감기몸살과 발목이 부은 상태로 완주함으로써 끈기와 자신감을 얻은 일

3. 지난 5월, 직접 설문지를 만들어 성남의 30개의 편의점을 돌며 수행한 설문조사와 패밀리마트 모란점 점주님과의 인터뷰를 통해 완성한 '편의점 Fast Food의 양면성'이라는 과제에 대해 현장성과 참신함을 인정받아 '유통MD 실무자 양성 과정'을 1등으로 수료한 일

☑ 우리은행 - 행원

 우리은행 영업점과 다른 시중은행 영업점을 직접 방문하고, 우리은행이 상대적으로 우수한 점과 개선해야 할 점을 비교 설명하여 주십시오. (500자 이내)

['대출 전용 room'을 마련하는 새로운 시도]
 점심시간을 활용해, 시청역 근처 우리은행 및 타 은행 영업점들을 방문했습니다. 이번 방문을 통해, 우리은행의 CS가 타 은행보다 상당히 높은 수준임을 확인할 수 있었습니다.

1. 우선 점심시간이었던 탓에, 객장에 로비매니저가 부재한 경우가 있었습니다.
 그러나 이 경우에도 행원분이 객장에 나와 방문 목적을 묻는 등 로비매니저의 빈자리를 대신하여 CS를 실천하는 모습을 볼 수 있었습니다.

 일견 당연해 보이는 서비스이지만, 타 은행에선 매니저의 빈자리가 채워지지 않아 방문 고객이 객장을 이리저리 배회하는 모습을 목격했습니다.

<u>2. 사생활과 관련해 아쉬운 점이 있었습니다.</u>

우리은행 창구와 대기 좌석 간의 거리가 가까웠던 점이 제 눈에 띄었습니다. 기업 팀에 소속되어 인턴 생활을 하면서, 대출하러 오신 사장님이 주변 눈치를 살피는 모습을 본 적이 있습니다. 아마 사적인 이야기에 대한 우려, 거부당할 수도 있다는 심리적 불안감 때문일 것입니다.

이 점을 고려했을 때, 창구와 대기 좌석 간 조금 더 거리를 두는 것이 낫지 않을까 생각합니다. 더 나아가, 편안한 상담을 위한 '대출 전용 room'을 마련하는 새로운 시도 또한 제안해 보고 싶습니다.

☑ 신한은행 - 행원

개인이 아니라, 단체 속의 일원으로서 주인의식을 가지고 거둔 성과와 성과달성에 가장 큰 장애는 무엇이었고, 어떻게 극복했는지 작성해 주세요(학회, 동아리, 공모전 등 단체의 이름과 소속 기간, 조직 개요, 구체적 성과, 투입한 노력, 장애의 내용 등) (1,000자-이중 내용 일부)

[줌바댄스로 하나를 이루다]

2011년 8월, 미국 어학연수 중 취미로 줌바댄스를 배우면서 외국 생활의 새로운 도전을 하고 싶었던 저는 학원 친구들에게 'W 댄스 페스티벌'에 함께 나가자고 제안하여 출전한 경험이 있습니다. 이때 리더가 되어 약 3달간 연습을 주도하면서 완벽한 호흡을 위해 2가지 노력을 기울였습니다.

<u>첫째, 리더로서 신뢰를 심어주는 것입니다.</u>

유일한 아시아인이었던 제가, 자기주관이 뚜렷한 팀원들에게서 신뢰와 인정을 얻기 위해서는 부단한 노력이 필요했습니다. 처음에는 한국인은 소극적이라는 선입견 때문에 저를 믿어주지 않았습니다. 하지만 한국인의 이미지는 제가 만드는 것이라는 마음으로, 먼저 한국을 알리기 위해 한국 관광지가 담긴 영상을 만들고, 특기인 한국 무용을 직접 보여 주며 흥미를 이끌었습니다.

또한, 매일 아침 안부 문자를 통해 팀원들의 컨디션을 체크하며 관심을 기울였고, 매일 방과 후에 연습함으로써 팀원들의 본보기가 되기 위해 노력하였습니다.

<u>둘째, 단결을 유도하는 것입니다.</u>

서로 다른 생활방식과 문화 때문에 연습시간을 맞추고, 의견을 조율하는 것이 매우 힘들었습니다. 이러한 충돌을 줄이기 위해서는 먼저 교감하는 시간이 필요하다고 생각하여, 2주에 한 번씩 집으로 초대하여 식사를 함께하며 많은 대화를 통해 팀원 간의 친밀감을 부여했습니다. 또한, 연습 전 30분 동안 서로의 문화를 소개하는 시간을 통해 서로의 문화에 관심을 갖고 이해하게 되었습니다.

이처럼 무작정 의견을 내세우고 혼자만의 전략을 내세우기보다는, 부드러운 카리스마를 발휘하여 서로의 의견을 존중해 주는 분위기를 형성하였고, 끊임없는 소통을 유도하여 모두가 집중력을 발휘할 수 있도록 노력하였습니다. 이러한 정성과 노력으로 친구들은 점차 저를 신뢰하게 되었고, 소통을 통해 협력을 주도한 결과, 값진 인기상을 받을 수 있었습니다.

입사 후에도 열린 마음으로 조직원들의 다양성을 수용하고, 조직의 한 일원으로서 자신을 낮추고 조화를 이끌어 냄으로써 팀원들과 호흡을 맞추겠습니다. 또한, 주어진 일뿐만 아니라 조직과 고객에게 도움이 되는 일을 적극적으로 찾아 나서는 사원이 되겠습니다.

☑ 대한항공 - 지상직

[성실한 조직인]
과거 타인과의 인간관계에서 가장 힘들었던 갈등상황과 이를 슬기롭게 극복할 수 있었던 본인의 전략 및 노하우에 대해 기술하시오. (600자 이내)

[되찾은 부서의 봄]
국내 컨설팅 회사 인턴으로 근무하던 시절, 저만의 소통 방법으로 부서에 활력을 불어 넣은 경험이 있습니다.
제가 근무하던 부서는 해외연수를 주 사업으로 하고 있었으나, 중장기적 사업 부진으로 부서 분위기가 침체되어 있었습니다. 부서원 간 대화의 수도 줄어드는 악순환이 지속되었습니다.

저는 보다 밝고 활기찬 부서를 위해 소통의 장을 만들자는 결심을 하였습니다.
유일한 인턴사원으로서 모든 부서원과 일을 함께 하고 있었기 때문에 그 누구보다 자연스러운 소통의 장을 만들 수 있을 것이라는 자신감이 든든한 지원군이 되어 주었습니다.

첫 번째로, 매일 아침 있는 미팅시간에 유머 기사를 출력해 공유하였습니다. 모두가 공감할 수 있는 유머를 공유함으로써 하루를 웃음으로 시작할 수 있었습니다.

두 번째로, 피곤해지기 시작하는 오후 근무 시간을 활용하여 미니 게임 시간을 가졌습니다. 가끔 진 팀원이 간식을 사 주기도 하며 소통할 수 있는 기회를 늘렸습니다.

이러한 노력의 결과 부서는 활기찬 모습을 되찾을 수 있었고, 또한 협동심을 기를 수 있었습니다. 되찾은 부서의 활력은 신사업 수주라는 큰 성과로 이어지는 밑거름이 되었습니다.

☑ 아시아나항공 - 지상직

 5~10년 후에 귀하의 경력 목표는 무엇이며, 그것을 추구하는 이유를 서술해 주십시오

 [인재는 기르고 문화는 가꾸고]
5년 뒤,
저는 다양한 고객에게 최고의 서비스를 제공할 줄 아는 아시아나의 인재로 거듭나기 위해 외국어능력 향상에 힘쓰겠습니다.

외국인 관광객 천만 명 시대에 발맞추어 영어 실력은 원어민 수준으로 끌어올리겠고, 지금 배우고 있는 이탈리아어는 저만이 가지고 있는 희소성 있는 장점으로 만들겠습니다. 또한, 총 31개의 취항 노선을 가지고 있는 중국 지역에 강한 아시아나항공의 직원으로서 2015년도까지 HSK5 급을 취득하도록 하겠습니다.

10년 뒤,
금호그룹 창업주인 故 박인천 회장의 '인재는 기르고 문화는 가꾸고' 란 지론에 근거하여 고객의 말씀을 서비스품질 개선과 신상품

개발의 가장 중요한 자원으로 활용하여 아시아나의 인재들을 제가 직접 관리해 보고 싶습니다.

특히나 저는 전공인 아동복지와 상담학을 이용해 아동분야의 전문가로서 지금 시행하고 있는 아이바구니, 해피맘 서비스 등뿐만 아니라 더 전문적이고 고객지향적인 서비스로 공항서비스 문화의 선구자가 되겠습니다.

☑ KCC - 디자인

 인생에 있어 가장 자랑스러운 성취와 그 과정을 구체적으로 기술하세요.

 [아이디어를 현실화하다]
대학교 4학년 시절, 약 20일 동안 국제아동청소년연극협회 한국본부에서 주최한 '제9회 서울 아시테지 겨울축제'에 자원봉사자로 활동한 경험이 있습니다. 축제가 시작되기 5일 전, 공연기획 담당직원으로부터 다음 축제에 대해 미리 알릴 수 있는 리플렛 디자인을 의뢰 받게 되었습니다.

작업단계는,
1단계, 축제취지 및 작품별 특성과 내용 리서치
2단계, 각각의 작품을 하나로 묶을 수 있는 컨셉 도출
3단계, 디자인 구체화의 순으로 진행되었습니다.

먼저, 리서치를 통해 역대 축제 중 '가장 다양한 해외초청작을 선보인다'는 큰 특징을 잡았습니다.

이에 맞춰 각 국가를 하나로 묶을 수 있는 방법을 찾아, '낱말퍼즐'을 콘셉트로 하여 디자인 안을 만들었습니다.

주최 측과 세네 번의 의견조정을 거친 후, 회사 내부 직원들의 투표를 통해, 총 2가지의 리플렛 디자인을 확정하였습니다. 축제 기간 공연티켓과 함께 리플렛이 관객들에게 전해지며, 많은 분들이 다음 축제에 대한 기대를 표하기도 했습니다.

학생으로서 처음 시도한 외부작업이었기에 최선을 다했고, 제 디자인이 실질적으로 미치는 효과에 대해 배울 수 있는 값진 경험이었습니다.

☑ OB맥주 - 영업관리

 본인이 지원한 직무분야에 입사하기 위해 노력한 점과 입사 후의 포부를 구체적으로 서술.

 [4:6에서 7:3 만들기 5년 프로젝트]
현재 제가 살고 있는 은평구 지역의 대형마트, 슈퍼, 음식점 등 총 12곳을 조사했습니다. 오비맥주 제품이 4, 하이트나 수입제품이 6의 비율로 진열되고 있었습니다. 하지만 3년 후에는 오비맥주 제품이 7, 경쟁사 제품이 3의 비율로 진열되고 선호되도록 만들어 보겠습니다. 그리고 5년 후에는 오비맥주가 필요로 하는 핵심 영업사원이 되겠습니다. 그러기 위해 저는 다음의 3가지 계획을 실천하겠습니다.

첫째, 제가 맡은 상권 내의 마트, 슈퍼, 음식점 등의 사장님들과 친분을 쌓겠습니다. 사장님들이 바쁘실 때에는 일손을 돕는 열정을 보여드리며 오비맥주의 긍정적 이미지를 심는데 주력하겠습니다.

둘째, 머리가 아닌 몸으로 뛰는 영업을 하겠습니다. 주민들이 가장 많이 모이는 산책로에서 일주일에 1번씩 담당 지역 주민들을 만나겠습니다. 이를 통해 지역의 상권을 분석하고 주요 소비 고객의 음주 패턴을 파악한 후에 이를 토대로 취급 제품을 조절하겠습니다.

셋째, 대학가의 학생들, 야구장 관객 등을 매주 1회 만나 직접 오비맥주를 홍보하겠습니다. 또한, 오비맥주에 대한 브랜드 이미지나 제품 평가 의견을 듣고, 이를 분석하여 마케팅 전략과 영업 전략으로 이어질 수 있도록 하겠습니다.

☑ 한샘 - 영업전문직 인턴

한샘이라는 회사 혹은 영업전문직 인턴에 지원하게 된 이유를 기술하시기 바랍니다.

[명확함에는 이유가 따른다]
저는 다음 2가지 이유로 한샘의 영업전문직에 지원합니다.

첫째, '멈추지 않는 한샘'
한샘은 현재에 안주하지 않고 더 나은 곳, 더 새로운 곳을 제공하기 위해 멈추지 않고 노력하는 회사입니다. 저 역시 언제나 목표를 설정하고 도전하는 사람임을 강조 드리고 싶습니다.
저는 2008년부터 5년간 자기 주도적인 커리큘럼을 통해 공간 설계에 대한 기본적인 역량을 쌓았습니다.

사용자의 성격과 건물의 성격 등 다양한 요소들을 고려하여 설계를 진행하면서 전체를 보는 눈을 가질 수 있었고, 사용자가 머무는 실내 환경에 대한 디자인 감각을 향상시키고자 실내건축에 대해 공부하여 기사시험에 합격하였습니다. 이를 통해, 색채 계획, 환경 계획 등 사용자들의 입장에서 공간을 디자인하는 법을 배웠습니다.

친환경 공간 전문가에 대한 목표를 세운 저는, 올해 7월부터 약 2개월간의 친환경 건축인력 양성과정을 통하여 설계, 시공, 환경기술에 대한 역량을 쌓았습니다. 저는 브랜드 이미지를 높이고 고객에게 감동을 주는 한샘에서, 더 높은 목표를 위해 달려가는 공간 설계 코디네이터가 되기 위해 노력할 것입니다.

둘째, '58박스의 기저귀'

5일간 기저귀 판매 아르바이트를 한 경험이 있습니다.

의료기를 방문하는 손님들께 기저귀를 홍보하고 샘플제품을 판매하는 것이 저의 임무였습니다. 잘 알려지지 않은 제품이었고 일본 브랜드인 탓에, 직원분께서는 목표 달성에 큰 부담을 주지 않으셨습니다. 하지만 저는 기존의 목표 개수인 48개 판매를 달성하기 위해 노력하였습니다.

먼저, 제품에 대해 완벽히 알기 위해, 직원분께서 말씀해 주신 사항을 모두 메모하였고 반복해서 홍보 책자와 메모를 살펴보며 터득하였습니다. 또한, 5년간의 서비스 아르바이트 경험을 바탕으로 웃는 얼굴로 의료기를 방문하는 손님께 먼저 다가가고자 노력하였습니다.

그 결과, 기존의 48박스를 넘어서서 58박스의 기저귀를 판매하는 성과를 낼 수 있었습니다. 이를 통해, 맡은 제품에 대한 정확한 이해와 먼저 고객에게 다가가는 적극성과 친절성의 중요함에 대해 배울 수 있었습니다. 좋은 재료로 좋은 가구를 제공하는 한샘에서 SC

로써 최고의 공간 설계를 고객에게 제안하여 한샘의 발전에 기여하
겠습니다.

☑ LG패션 - 영업관리

 LG패션 입사 후 직무 관련하여 이루고 싶은 목표를 구체적으로 기
술하여 주시고 이를 달성하기 위한 본인의 계획을 밝혀주세요. (최
대 500자)

 [매장 보고 가겠습니다.]
 첫째, 담당매장이 목표매출의 1.5배 이상 성공하여 사보에 실리도록 하
겠습니다.
 제품수량과 매장현황은 늘 꼼꼼하게 파악해두고, 경쟁사보다 공격
적으로 소싱하며 매장경쟁력을 직접 확보하겠습니다.

 둘째, 새로운 형태의 편집숍을 관리하는 업무를 맡아 타사와는 다른 획
기적인 시도를 하겠습니다.
 디자이너와의 협업을 통해 독점라벨을 개발하고 FLEA MARKET
를 열어 소비자의 관심과 참여를 적극적으로 끌어내겠습니다. 희소
성 있고 개성 넘치는 제품을 소개하며 LG패션의 브랜드 관리에 대
한 애정을 어필하여 새로운 충성고객층을 만들 것입니다.

 셋째, 오랫동안 함께 일하고 싶은 사람으로 남겠습니다.
 효율적인 업무처리를 위해서는 협동과 소통이 필수적입니다. 관계
자들과의 원활한 협업을 위해 즐거운 근무환경을 만들겠습니다. 업
무를 위한 미팅이 아닌, 지인과의 만남 같은 편안함을 기반으로 일
의 설렘을 함께 나누며 성장하는 영업관리자가 되겠습니다.

☑ 태평양물산 - MD

아래 당사의 핵심역량과 관련하여 세 가지를 선택한 후 본인의 사회활동(또는 실제 직무)에서 탁월한 능력을 발휘했던 사례를 기술 (1,000자 이내)

※8대 핵심역량 : 리더십, 변화와 혁신, 고객지향성, 도전정신, 전문성, 의사소통 능력, 의사결정능력, 업무추진능력

 ### 1) 업무추진능력

[효율적 협업]

대학교 4학년 시절 약 2개월간 의류업체인 NOBLAND Woven팀에서 인턴을 하였습니다. 기술개발팀, 구매팀 등 5개 이상의 부서와 협업하여 전체적인 업무를 관리하는 부서에서 일하며 회사 업무를 처리하고 사람들과 관계를 맺는 사회생활에 대해서 배울 수 있었습니다.

특히, 타 부서원들과도 협업하여 오더받은 일이 7일 정도 걸릴 것으로 예상하였지만 좀 더 빨리 진행하기 위해 기술개발팀의 부장님과 일정조정을 하여 3일 안에 끝낼 수 있었습니다. 이러한 경험을 바탕으로 태평양물산에 입사하여 동료 및 상사와 협력하여 회사를 위해 헌신하는 인재가 되겠습니다.

2) 의사소통능력

[진심으로 소통하기]

대학교 3, 4학년 시절 한화, 삼성물산 등 약 100여 개의 기업들이 홍보와 판매를 목적으로 참여하는 박람회에서 아르바이트를 하였습니다. 처음에는 고객들을 유치하고 소통하는 방법을 잘 알지 못하여 어려움이 있었지만 거듭 참여하며 경험을 쌓은 결과 자신감을

가지고 상품을 홍보하여 행사 부스로 고객들을 끌어들일 수 있었습니다.

이로 인해 일을 잘한다는 칭찬을 받아 일당 6만 원을 받는 보통 아르바이트생과 달리 8만 원을 받으며 일할 수 있었습니다. 이를 통해 배운 일을 처리하는 능력을 바탕으로 동료, 상사 및 고객들과 진심으로 소통하는 사원이 되어 필요로 하는 보다 좋은 서비스를 제공하여 태평양물산의 위상을 더욱 드높일 수 있는 인재가 되겠습니다.

3) 리더십
["A+" 패션 소재의 이해]
대학교 3학년 시절 패션 소재의 이해 수업 시간에 약 150명의 학생이 6명씩 조를 나누어 진행한 조별 발표에서 자청하여 조장을 맡아 팀을 이끌었습니다.

처음 전반적인 개요를 구상하고 역할 분담을 하여 발표 준비를 진행하는 과정에서 조원 모두의 참여가 중요하다고 생각하여 대화를 통해 모두의 의견이 반영될 수 있도록 노력한 결과 조원 모두 힘을 모아 맡은 임무를 성실히 수행하여 A 학점을 받았습니다.

지원한 직무에 관련하여 특별히 희망하는 점이나 면접자에게 꼭 알리고 싶은 사항을 기재 (500자 이내)

첫째, 입사 후 기본 업무를 배우는 것에 집중하여 전반적인 업무에 대해 확실히 익히고 효율적인 시간 관리와 항상 메모하는 습관을 가져 신속하고 정확하게 일을 처리하는 사원이 되겠습니다. 또한, 매월 2권씩 3년간 총 72권의 업무 관련 서적을 읽으며 지식을 쌓고 느끼고 배운 점을 작성하여 되새겨 읽으며 필요한 요소를 업무에 적용하도록 노력할 것입니다.

둘째, 다국적 사람들과 보다 가깝게 소통하기 위해 영어와 중국어, 스페인어 등의 외국어 공부를 하루 2시간씩 꾸준히 하여 입사 후 5년 안에 3개 국어로 소통이 가능한 인재가 되어 세계적 기업으로 뻗어 나가는 태평양물산에 기여하겠습니다.

셋째, 입사 10년 후 국내에서 쌓은 경험과 어학능력을 바탕으로 해외 지역 전문가로 성장하여 신규 바이어 개척을 통해 시장을 확대시켜가는 글로벌 리더로 성장하겠습니다. 개인의 성장을 통해 회사 기여하여 회사의 성장을 가져올 수 있는 인재가 되겠습니다.

☑ 현대자동차 - R&D

가장 열정/도전적으로 임했던 일과 그 일을 통해서 이룬 것에 대해 상세히 기재해 주세요. (최대 1,000자 이내로 작성)

[Matt는 여행을 즐기면서 백만장자가 되었습니다.]
2011년 여름, 약 1개월간 Olleh KT에서 주최한 '4G 탐험대'라는 활동을 하였습니다. 여기서 저는 2가지 활동을 하였습니다.

첫 번째는 Mystery Shopper가 되어 수원시, 오산시, 평택시 3개 도시에 위치한 약 30여 개의 KT직영 대리점을 방문하고, 판매원의 Egg제품 이해도 등을 파악하는 활동을 하였습니다. 저는 경기 수원 지부 1팀 팀장을 맡아서 기본 체크리스트 10개에 매장의 청결도와 제품의 홍보도 2가지를 더해 조사를 하였습니다. 2가지라는 조금 더 세세한 체

자소서를 요리하라

크리스트를 사용한 것으로 활동 담당자님에게 실제 매장의 상황파악에 큰 도움이 되었다는 칭찬을 받을 수 있었습니다.

 <u>두 번째는 Egg 제품의 홍보 동영상을 제작하는 것이었습니다.</u> 저희 팀은 2011년 Visa 카드사의 TV광고인 Matt씨가 전 세계 약 10개국을 여행하면서 춤을 추는 장면을 패러디하기로 했습니다. 여기에 대학생들에게 더욱 어필하기 위해서 대학교를 주제로 동영상을 제작했습니다. ○○대학교, ○○대학교 등 서울 8개 대학을 돌아다니면서 Matt씨처럼 춤을 추며 Egg 제품 홍보 UCC를 제작하였습니다.

 특히, ○○대학교 정문에서는 약 100명이 넘는 많은 인파가 몰려 저희의 동영상 제작을 지켜보았습니다. 인파 속에서 춤을 추는 것이 다소 부끄러움을 유발했지만 많은 사람들에게 호응을 얻으면서 더욱 즐겁게 동영상을 제작할 수 있었습니다. 결국, 저희의 동영상은 홍보 우수 동영상으로 채택되어 Olleh KT 사내 직원 교육용으로 사용되었습니다.

 대학교 2학년 여름, 4G 탐험대 활동을 하면서 제가 얻은 것은 어떠한 어려움 속에서도 당당히 맞서는 도전 정신이었습니다. 100명이 넘는 사람들 앞에서 춤을 추고, 호응을 얻어내는 것에 즐거운 짜릿함을 느꼈습니다. 이러한 경험으로 현대 자동차에서 한계에 부딪힐 때마다 도전 정신으로 이겨내겠습니다.

☑ LG생활건강 - 생산관리

　생산직무를 수행하는 데 있어 본인이 보유한 경험이나 지식을 기술하여 주시기 바랍니다. (1,000byte 이내)

[세 가지 강점은 세 배 이상의 경쟁력]

　LG생활건강의 생산기술 엔지니어가 되기 위한 세 가지 강점을 가지고 있습니다.

　이것을 활용하여 생산성 향상과 원가절감에 이바지해 LG생활건강의 경쟁력이 되겠습니다.

　1. '공정 제어', '제품 및 공정 설계' 과목을 수강하며 전문 지식을 쌓았습니다.

　'공정 제어'를 통해 공정의 안정화 방법에 대해서 배울 수 있었습니다. 또한 '제품 및 공정 설계' 과목에서는 경제적인 공정을 설계하기 위한 기본 지식이나 소프트웨어 활용법을 배웠습니다. 탄탄한 전공 지식은 생산기술 업무에서 유용한 무기가 될 것입니다.

　2. 공정 설계 대회의 경험이 있습니다.

　'제품 및 공정설계' 과목을 수강할 때 'UniSim' 이라는 공정 설계 소프트웨어를 다뤘고 관심과 흥미가 생겨 출전했었습니다. 이를 통해 공정을 직접 설계해보며, 실무를 진행하는데 있어 부족했던 점을 깨닫는 좋은 기회였습니다.

　3. 공정 엔지니어가 되고 싶은 열정으로 화공 Pilot Plant 시공 현장에서 2달 간 인턴을 했습니다.

　현장 엔지니어들과 함께 실무를 경험했고, 엔지니어의 꿈을 더 굳게 다지는 계기가 되었습니다.

☑ SK케미칼 - 품질관리

 SK 입사 후 어떤 일을 하고 싶으며, 이를 위해 본인이 무엇을 어떻게 준비해 왔는지 구체적으로 기술하십시오.

 [글로벌 경쟁력을 갖춘 나만의 3가지 필승카드]
무한경쟁 시대에서 글로벌 경쟁력을 갖춘 친환경 제조공정에 집중하여 기업 경쟁 력을 높이는데 주력하는 품질관리자가 되겠습니다. 품질관리 전문성을 갖추어 생산성을 높이고 고품질의 제품을 생산하는 것은 물론 이산화탄소 감축의무와 같은 세계 트렌드에도 대비하겠습니다.

첫째, 워드프로세서, E-test 자격증을 취득하여 실무 수준의 OA능력을 준비하고 6-시그마 그린벨트 직무교육을 통해 품질관리업무에서 발생할 수 있는 문제요인이나 리스크를 줄이는 역량을 쌓고자 하였습니다.

둘째, 뉴질랜드, 호주에서의 다양한 경험을 통해 그들의 문화와 생활방식을 적극적으로 체험하고 유연한 사고와 원활한 커뮤니케이션 역량을 키웠습니다. 특히, 호주에서의 CVA(Conservation Volunteer Australia) 활동은 한국인 한 명 없는 곳에서 적절한 상황판단으로 봉사업무를 센스 있게 수행하고, 다양한 국적의 사람들과 함께 환경 보전 프로젝트를 성공적으로 끝냄으로써 국제적 소양 및 적극적인 도전정신을 키우는 데 큰 도움이 되었습니다.

셋째, 교내 천연물연구실 생활을 통해 품질관리직무에서 필요한 책임감과 꼼꼼한 업무능력을 길렀습니다. 실험실에서 저의 주 업무는 유방암 세포를 키우는 것이었습니다. 암세포는 환경에 예민하여 배양 전 완벽한 실험방법 숙지가 중요합니다. 실험을 하기 전 과정을 단계별로 정리하고 실험노트에 기록하는 습관을 들이고 수많은 시뮬레이션을 통해 실수에 대비했습니다.

또한, 선배님은 항상 깨끗한 실험기구와 올바른 사용법이 중요하다고 하셨습니다. 선배님들의 실험을 옆에서 보고 배우며 한 번도 연필과 메모장을 손에서 놓은 적이 없습니다. 연구실에서 배운 성실함과 꼼꼼함은 품질관리자로서 큰 도움이 될 수 있다고 생각합니다.

끊임없이 배우는 자세를 기본으로 급변하는 세계 트렌드에 민감하게 반응하여 뚜렷한 성과를 만들어내고 결과에 책임질 줄 아는 품질관리인으로 SK케미칼에서 성장하겠습니다.

☑ 한국전력공사 - 통신

 살아오면서 큰 장애물이나 난관에 부딪혔던 경험과 이를 극복하기 위해 귀하가 기울인 노력과 결과에 대해 기술하여 주십시오.

 [변화구보단 돌직구]
사람들과의 갈등이 가장 힘들었던 경험이었습니다. RC Car제어 프로젝트에서 회의 과정부터 진행과정까지 의견 충돌이 많았습니다. 일은 진행이 힘들었고 의견조율이 필요했습니다.

첫째로, 솔직한 의견제시를 유도했습니다.
프로젝트에서 콘셉트를 정하는 회의 과정에서 의견 충돌이 많았습니다. 팀원들이 눈치를 보며 각자 자신의 의견을 돌려서 말하다 보니 의견 조율이 안 된 것이었습니다. 이후 회의는 솔직한 의견 표현으로 갈등을 줄일 수 있었습니다.

　둘째로, 잘못된 점을 인정하도록 했습니다.
　프로젝트 진행과정 중 잘못된 점을 인정 못 하고 방향을 바꾸지 않아서 시간 소모가 많이 있었습니다. 자기주장을 고집하지 않고 잘 못된 점을 인정한 뒤 다른 방법을 시도하여 시간 소모가 줄고 효율이 높아졌습니다.

　입사 후에도 업무 시 갈등이 많이 있을 것입니다. 저는 프로젝트 경험에서 배운 조직 융화력을 바탕으로 팀원 간에 시너지를 높일 수 있는 인재가 되겠습니다.

☑ 아워홈 - 영양사

 　5년 후 아워홈에서 근무하고 있는 본인의 모습을 그려주십시오. (400자)

 [나만의 경쟁력]
　1. 한 지점을 담당하는 지점장으로 근무하고 있을 것입니다.
　지역 내 최고의 지점이 되도록 신선하고 엄선된 재료만을 사용하여 고객의 신뢰를 쌓고, 다양한 메뉴를 개발하여 매달 1번씩 적용할 것입니다. 또한, 빠른 대응을 최우선으로 하고 영어 식단표, 절기 음식 등의 푸드 서비스를 제공할 것입니다.

　2. 연 매출 2조 원 달성을 위한 혁신적인 직원식당을 만들고 있을 것입니다.
　식당을 식사를 포함한 회의와 휴식도 가능한 종합적인 공간으로

만들 것입니다. 식사시간에 음악으로 여유로움을 더하고, 잔반 없는
날을 정하여 음식물 쓰레기 처리비용을 감소할 것입니다.

3. 1주일에 2번 외국어 교육을 받을 것입니다.
외국인 고객을 위해 소통하려는 모습을 보여 세계 시장 진출과 고
객 만족에 이바지할 것입니다.

☑ 신세계푸드 - 영양사

입사를 위한 준비과정 (300자)

[실무경험과 자격증으로 무장했습니다.]
첫째, 단체급식 실무 경험을 쌓기 위해 아르바이트와 실습을 하였습니다.
2012년 9월 기숙사 식당 내 야간 스낵코너에서 조리와 배식 및 청
소를 담당하며 고객서비스와 전반적인 급식서비스를 배웠습니다.
2013년 5월에는 초등학교 급식실에서 영양교사로 발주부터 검수,
조리, 배식, 식단 작성, 위생관리까지 정확하고 빠르게 하는 법을 배
웠습니다.

둘째, 한식조리기능사와 위생사를 취득하였고, 현재는 영양사 시험을
준비하고 있습니다.

또한, 식품 관련 대외활동인 녹색식생활 캠페인 서포터스로 활동하
며 범국민적인 홍보를 하였습니다.

☑ 금호타이어 - 영업관리

 5~10년 후에 귀하의 경력 목표는 무엇이며, 그것을 추구하는 이유를 서술해 주십시오. (100자 이상 500자 이내)

 [Sales Specialist가 되다]

입사 후 10년간 쌓은 노하우를 바탕으로 후배 영업사원들을 가르치고 이끌어주는 역할을 하고 싶습니다. 병아리가 알에서 깨어나기 위해 어미 닭과 병아리가 동시에 알을 쪼듯이 후배 사원들이 금호타이어의 '명품 영업인'으로 거듭나도록 돕고 싶습니다. 그러기 위해 10년 안에 반드시 Sales Specialist로 성장해 있겠습니다.

Specialist 달성을 위한 3가지 다짐을 정하고 한 부분도 놓치지 않겠습니다.

1. 국내·외에서 쌓은 '상황대처능력'을 발휘해 에이전시와의 문제나 갈등을 선제적으로 관리하겠습니다.
2. 더 많은 거래처를 확보하기 위한 창의적 방안들을 고안해 내겠습니다.
3. 신규거래처 발굴뿐 아니라 기 거래처 관리 역시 매출상승에 중요한 역할을 합니다. 여행사에서 시행했던 고객DB관리 아르바이트 경험을 살려 '철저한 고객관리'를 하겠습니다.

마지막으로 맛있는 요리를 조리하는 네 번째 recipe know-how는 "진정성" 즉, 진정한 맛을 느끼게 정성을 다해야 한다는 것입니다.

앞서 언급한 신선한 재료 또는 독특한 양념이 모두 없더라도 이러한 진정성 한 가지만 가지고 현대자동차를 비롯한 대기업의 자기소개서를 통과하는 사례를 종종 볼 수 있습니다.

이는 어머니가 해 주시는 가족들을 위한 정성이 담긴 요리에서만 느낄 수 있는 바로 그 '손맛'인 것입니다.

이를 다른 표현으로 '진정한 맛'이라고 할 수 있는데, 올바른 가치관과 진실한 인생관을 가지고 있어야만 이러한 맛을 낼 수 있습니다.

내가 가지고 있는 이러한 진정성을 찾아서 진솔하게 그리고 솔직하게 채용담당자에게 보여주어 감동할 수 있도록 표현해 보시기 바랍니다.

☑ 스타벅스코리아 - 매장관리

 성장 과정 및 자신에 대한 소개

 [P사 강남을지병원점 사장님이 인정한 김 사장님]

대학생활보다 더 오랜 기간인 4년 10개월 동안 P사에서 근무하면서 김 사장님이라는 별명으로 불렸습니다. 이 별명은 제가 늘 매장 매출에 관심을 가지고 확인하는 것에서부터 시작하였습니다.

매장 매출이 좋지 않을 때면 사장님과 상의해 매장 매출을 증진시키는 방안에 대해 연구하였습니다.

비인기 품목을 신제품으로 교체하고 제품 포장을 달리하였고, 매장의 진열대를 새롭게 조정하여 고객님들의 눈높이에 맞게 구성하거나 또는 커피 행사를 통해 매출을 증진시키도록 하였습니다. 또한, 주변 동일업종 매장을 탐색하며 고객님들의 동향을 파악하려고 하였습니다. 그리고 신입 아르바이트생이나 매니저의 교육을 담당하며 매장이 원활히 운영되도록 노력하였습니다.

또한, 4년 10개월 동안 아르바이트를 하면서 하루도 빠짐없이 지켰던 원칙이 2가지 있습니다.

1. 매일 아침, 저녁으로 화장실 청소를 자청해서 했습니다.
2. 제가 착용한 앞치마를 하루도 빠짐없이 빨아 다림질해서 입었습니다.

입사 후에도 이러한 똑 부러지는 일 처리 능력과 항상 기본에 충실한 자세를 가지고 업무에 임하겠습니다.

DAUM - 고객서비스

 성장 과정 및 생활신조

[색채가 없는 다자키 쓰구루와 그가 순례를 떠난 해]

 과거에는 개성이 없고 평범한 사람이라고 인식하면서 살아왔지만, 이 책을 읽으면서 저 자신의 색채를 발견하기 위해 하루에 한 번씩 거울 앞에서 고심하였습니다. '평범한 내게 내재된 개성은 무엇일까?' 나를 가장 잘 아는 지인들에게 질문을 하고, 알아보려 노력했습니다. 제 삶을 되돌아본 결과 부족한 점을 채우려고 늘 노력하는 자세에 있었습니다.

 어려서 많은 사람들 앞에 잘 서지 못하였습니다. 그래서 이러한 성격개선을 위해 고등학교 때 밴드부의 드럼을 맡았습니다. 점심시간과 주말, 야간자율학습시간에 공연 시 부원들에게 피해 주지 않도록 열심히 연습했습니다.
 첫 공연을 시작으로 자신감이 붙었고, 이러한 자신감은 이후 발표수업을 자진하거나, 사람들에게 먼저 다가갈 수 있는 친화력을 가지게 해주었습니다.

 이후 대학교 시절에는 토론부에서 오락부장을 맡아 처음 만나 어색한 분위기를 쇄신하기 위해 분위기 메이커로서의 역할을 하였습니다.

 또한, 한곳에서 3년 동안 아르바이트를 하면서 영업 관리 및 매장관리에 대한 목표가 생겼고 실무적인 내용을 익히기 위해 영업마케팅 교육을 수강하였습니다. 실제 현업의 영업, 마케팅 팀장님들로부터 현실적인 조언과 직무에 대한 이론 지식으로 어떤 마케팅 서적보다 현장감 있게 접할 수 있었습니다. 또한, 조별로 저조한 매출의 치킨 매장 매출 향상시키기, SWOT으로 자신을 분석하기 등 경영학적 마인드를 키울 수 있었습니다. 이를 통해 영업 관리를 하는데 있어서 밑거름이 될 것이라고 생각합니다.

실무자분들을 보고 진심으로 회사에 대한 애정과 열정을 느꼈고, Daum의 인재가 되어서도 그분들을 본받아 회사에 대해 애정을 갖고 맡은바 업무에 열정을 다하겠습니다.

☑ 현대다이모스 - 생산관리

 귀하의 대학생활 중 탁월한 활동실적(학교내외)이 있다면 무엇입니까?

 [열정과 꾸준함의 시너지효과]
영화를 좋아한다는 이유만으로 대학교 3학년 때 충무로의 한 영화관 스태프로 근무를 시작했지만 처음 하는 낯선 업무에 실수가 발생했고, 이로 인해 의기소침해지기도 했습니다. 그러나 이에 포기하기보다는 이왕 시작한 일이니 이 경험을 통해 더욱 성숙한 나 자신을 만들자는 다짐을 했습니다.

우선 아르바이트를 하는 동안 한 번도 지각하지 않겠다는 자신과의 약속을 정하였고 이를 지켰습니다. 그리고 주요 업무를 메모해 가지고 다니며 틈틈이 익히도록 노력했으며 고객의 다양한 요구에 민첩하고 성실하게 잘 응대함으로써 점장님 이하 매니저님들로부터 칭찬을 받았습니다.

또한, 마감 근무를 주로 맡았기 때문에 매니저님과 함께 밤 10시부터는 2시간 동안 남아서 약 70개 품목의 매점 재고조사와 창고정리를 도와드리기도 했습니다. 비록 아르바이트생이고 누가 시켜서 한 것도 아니지만 일하는 동안만큼은 철저한 주인의식을 갖고 업무에 임하고자 했습니다.

이렇듯 노력한 결과 극장근무 9개월 뒤에는 전체 23명 중에서 이 달의 우수스태프로 선정될 수 있었습니다.

☑ 현대자동차 - 생산기술

현대자동차 해당 직무 분야에 지원하게 된 이유와 선택 직무에 본인이 적합하다고 판단할 수 있는 이유 및 근거를 제시해 주십시오. (최대 3,000자 이내로 작성)

['되고' 법칙]
현대자동차에 지원한 이유는 바로 하나의 법칙 때문이었습니다. 그것은 바로 '되고' 법칙입니다.

돈이 없으면 벌면 되고, 잘못이 있으면 잘못을 고치면 되고, 모르면 배우면 되고, 잘 안되면 될 때까지 하면 되고, 길이 안 보이면 길을 찾을 때까지 찾으면 되고, 생각이 부족하면 생각을 하면 되고.

이와 같은 '되고' 법칙에 대입해서 살아왔습니다. 긍정적인 마음에서 창의적인 생각이 나온다는 신념으로 살아온 저는 여러 해외 프로젝트를 수행해야 하는 생산기술에 적합하다고 생각합니다.

<u>1. '되고' 경험 첫 번째, 돈이 없으면 벌면 되고.</u>

아버지의 사업실패로 고등학교 시절부터 집안의 경제상황은 아주 좋지 않았습니다. 저는 고등학교 졸업과 동시에 학비를 비롯한 생활비를 스스로 벌어 씀과 동시에 어머니의 허리 치료비까지 벌겠다고 스스로 약속했습니다.

학기 동안 과외를 했고, 여름방학이면 에어컨 설치기사로 일하곤 했습니다. 이 밖에도 무수한 아르바이트의 결과 졸업을 앞둔 지금 단한 번도 금전적인 도움을 받지 않았습니다. 쉽지 않았지만 다양한 경험을 하면서 세상을 넓게 바라볼 수 있었던 좋은 기회였습니다.

<u>2. '되고' 경험 두 번째, 떨어지면 다시 찾아가 붙으면 되고.</u>

전공에 대한 끊임없는 갈증으로 플랜트교육에 지원하였습니다. 간절함을 갖고 합격을 기다렸지만 뜻하지 않게 불합격하였습니다. 절망적이었습니다. 그러나 여기서 포기할 수 없었습니다. 교육원에 하루에 한 번씩 전화를 걸었고 저의 교육 의지를 보여주었습니다. 담당자는 제 이름을 외우게 되었고 "○○○ 씨 차라리 찾아오세요." 라는 말에 바로 찾아갔습니다. 담당자는 저에게 면접기회를 주었고 최종적으로 합격하였습니다.

전공지식에 한 발짝 더 다가섰으니 이것을 소중한 기회로 삼고자 하였습니다. 이에 교육생 대표에 지원하였고 열정을 다해 연설하여 과반수의 득표로 대표에 당선되었습니다. 최종적으로 상호 간의 친분을 두텁게 하고 면학 분위기 조성에 지대한 공로를 인정받아 공로상을 받았습니다.

이는 포기하지 않고 뜻을 두면 어떤 식으로든 결과가 나올 수 있다는 값진 경험이었습니다.

이처럼 안된다는 부정적인 태도보다 방법을 찾고 생각하면 된다는 긍정적이고 도전적인 자세로 살아왔습니다. 저는 이제 현대자동차의 플랜트기술엔지니어가 되려고 합니다. 입사 후 많은 고비와 위기가 찾아오겠지만, 여러 전공수업을 들으면서 자동차를 사랑하게 된 경험과 위기를 기회로 바꾸는 '되고' 법칙을 사용하여 이겨낼 것입니다.

☑ 신용회복위원회 - 사무

 창의성을 발휘하여 어려운 문제를 해결하거나 새로운 분야에 적용했던 사례를 기술해 주십시오.

 [고객의 Needs를 파악하여 한발 앞선 서비스를 하다]
나이트클럽이 위치한 건물 편의점에서 약 반 년간 일한 경험이 있습니다. 주말 저녁 주머니가 얇은 젊은 남자들이 양주를 구매한 뒤 나이트클럽으로 입장하는 것을 관찰했습니다.

그 뒤 저는 사장님의 승인 아래 양주와 신문가판대의 위치를 바꿈과 동시에 몇가지의 판촉행사를 진행하였고, 그 결과 평소 주말 저녁 2~3병 정도 팔리던 양주가 5~7병으로 매출이 늘었습니다.

위원회는 개인회생·파산 신속처리절차(Fast Track) 시범시행 및 재창업 위원회 신설 등 고객의 Needs에 능동적으로 대응해 왔습니다. 저 역시 위원회에서 일하게 된다면 신용회복 애플리케이션 출시 및 찾아가는 신용회복 상담제도 등을 운용하여 고객의 Needs에 능동적으로 대응하겠습니다.

☑ 현대자동차 - 엔지니어

 다른 사람들과 협업을 하며 보여지는 자신의 강점 및 약점과, 약점을 보완하기 위해 노력했던(또는 노력 중인) 사례를 기재해 주세요. (최대 1,000자 이내로 작성)

 [도전을 통해 배운 소통과 교감]
 도전하는 것. 무언가를 얻기 위한 새로운 시도라고 생각합니다. 저는 새로운 저 자신을 얻기 위해 도전했습니다. 대학입시 면접에서 고등학생이면 답할 수 있는 질문에 제대로 답변 한 번 못하고 불합격을 받아야 했습니다. 그만큼 자신감도 없고, 소극적인 성격의 소유자였습니다. 남 앞에 나서기 꺼리고, 새로운 만남에서는 얼굴부터 붉어지며 단답형으로 일관하는 사람이었습니다.

 심한 좌절을 겪은 후 제 성격이 앞으로의 사회생활에 부정적인 영향을 미칠 것이라 인식하게 되었고, 저를 바꾸고자 아르바이트나 봉사활동을 하면서 새로운 환경에 저 자신을 던졌습니다. 모르는 사람들과 부딪히려고 노력했고, 제가 먼저 상대방에게 다가가려고 했습니다.

 처음엔 어색하고 힘들었지만 포기하지 않고 계속 더 도전하였습니다. 웨딩홀 주방보조, 택배 상·하차, 편의점, 의류업체 물류창고와 같은 업무를 하면서 많은 사람을 만났습니다. 편의점에서 술에 취해 주사를 부리던 손님, 기름값이 올랐다며, 매출이 나오지 않는다며 하소연하시던 화물운송업자와 의류업체 부장님, 고생했다며 남은 떡을 싸주시던 아주머님들까지 남녀노소와 직종을 가리지 않고 다양한 사람들을 만났습니다. 사람들을 상대하면서 느끼고 배운 소통과 교감의 방법은 저의 새로운 능력이 되었습니다.

지금은 어디에서든 할 수 있다는 자신감이 생겼고, 다른 이에게 먼저 다가가는 사람이 되었습니다. 굳어져 있던 제 성격을 바꾸는 일은 저 자신에게는 쉬운 일이 아니었지만 저는 이겨내고 있고, 덕분에 어떤 상황에서든 버티고 이겨낼 수 있을 것 같은 자신감을 얻었습니다.

제가 도전을 통해서 얻은 것은 저에 대한 자신감과 소통하는 능력이라 당당히 말할 수 있습니다. 또한, 이 능력이 현장직원들과 연구개발 직원들을 잇는 다리가 되어 안정적인 플랜트 운영과 유지를 위해 큰 도움이 될 것입니다.

☑ IBK기업은행 - 행원

 성격소개/생활신조 (500자 이내)

 [It's now or never]
저는 적극적이고 조직적응능력이 뛰어납니다.
2012년 대한상공회의소에서 4개월간 인턴활동을 할 때, 적극적으로 행동하고 직원들의 부탁에도 망설임 없이 행동했던 저는 직원들과 쉽게 어울렸습니다. 저의 긍정적이고 밝은 성격은 무겁던 사무실 분위기를 밝게 만들었고 부서에 긍정적인 시너지를 불어넣으며 정규직 직원 전환의 추천까지 받았습니다.

저의 생활신조는 It's now or never입니다.
지금만이 유일한 기회라는 뜻으로 매 순간 최선을 다하자는 의미입니다.

2009년 커피숍에서 아르바이트를 할 때 한가한 오전에 방문하던 단골손님이 점심시간인 1시에 음료를 주문한 뒤 "같은 바리스타가 만드는데 커피 맛이 다르네"라는 말을 하였습니다. 신속하게만 음료를 제공하려다 발생한 일이었고, 이를 계기로 바쁘다고 대충이 아닌 지금만이 유일한 기회임을 알고 매 순간 최선을 다하고자 마음 먹었습니다.

그 이후, 매 순간 최고의 맛을 위해 집중했고'이 달의 바리스타'로 선발되었습니다.
이 경험은 다시 한 번 가치관을 따라 살아야겠다는 다짐을 한 계기였습니다.

☑ 우리은행 - 행원

 귀하가 열정을 갖고 몰입했던 경험, 참신한 아이디어로 목표를 이루어낸 경험, 가장 힘들었던 경험 중 1가지를 선택하여 말씀하여 주십시오. (750자 이내)

 [우리의 집념이 무대에서 빛을 발하다!]
대학연합 연극동아리 '라임라이트'에서 기획부장을 맡아, 정기공연의 스폰서를 모집한 경험이 있습니다. 원래는 동아리 선배님들의 사업체에서 후원을 받는 것이 관례였으나 당시 경제위기의 여파로 목표한 후원금의 절반도 모으지 못해서 공연이 무산될 위기에 처했습니다. 그러나 좌절하지 않고,

1) 각 기업의 특색에 맞게 후원 요청서를 작성한 후 동기들과 함께 담당 부서를 찾아갔습니다.

2) 그리고 기존의 포스터, 팸플릿을 통한 홍보가 아닌, 연극 무대를 적극적으로 활용할 수 있는 간접광고(PPL) 방식을 제안했습니다.

후원을 효과적으로 이끌어내기 위해선 기존의 것과는 다른 무엇이 필요하며, 동시에 우리가 처한 상황과 여건을 적극적으로 활용해야겠다고 생각했습니다. 이 두 가지를 모두 충족시키는 것이 바로 '간접광고' 방식이었습니다.

여관을 배경으로 벌어지는 심리 스릴러 극이므로 해당 제품을 자연스럽게 무대에 배치할 수 있다는 점, 대학로 소극장에서 200명 이상의 대규모 관객을 대상으로 하는 정기 연극이라는 점을 강조하였습니다.

집념 있게 홍보의 기대 효과 등을 중심으로 설득한 결과, 모 주류업체가 이를 채택하는 조건으로 후원을 결정함에 따라 공연을 무사히 치를 수 있었습니다.

떨어지는 빗방울이 단단한 돌을 뚫는 것처럼, 어려운 상황에 처해 있을지라도 적극적인 돌파구를 마련한다면 해결되지 않는 일은 없다고 생각합니다. 아메리칸 인디언은 비가 올 때까지 쉬지 않고 기우제를 드리기 때문에 반드시 비를 내린다고 합니다. 저의 기우제는 우리은행에 달콤한 봄비를 내릴 것입니다. 포기하지 않는 정신으로 목표를 반드시 달성하겠습니다!

자소서를 요리하라

☑ 신한은행 - 행원

 지원 동기 및 포부, 성장 과정, 수학내용(휴학 기간 또는 졸업 후의 공백기 내용 포함), 본인의 가치관 및 인생관에 영향을 끼쳤던 경험 등을 주제별로 구분하여 자유롭게 기술해 주세요. (3,500자)

 [일, 학업, 공모전, 3마리 토끼를 모두 잡다]
　저에게는 '끈질기고 열정적인 성취 욕구'가 있습니다.
　2011년 대학교 교수학습개발센터에서 주관한 전공 관련 스터디 공모전에 참가한 적이 있습니다. 6개월 동안 학업과 아르바이트를 병행하며 하루에 4시간밖에 자지 못하였고, 어머니가 기흉으로 입원하시게 되면서 간호와 집안일 또한 책임져야 하는 상황이었습니다.

　포기하고 싶은 마음도 굴뚝같았지만 '이왕 시작한 일, 후회 없이 해서 끝을 내자!'라고 되새기며 끝까지 최선을 다하였습니다.
　그 결과, 60여 개의 팀을 물리치고 1등을 하였습니다.

　저의 비전은 프로금융인이 되어 '최고의 고객서비스를 향한 신한은행'에서 최적의 금융서비스를 통해 고객에게 행복을 전달하는 것입니다.

　입사 후에도 끈질긴 열정을 발휘하여 저의 비전, 고객 만족, 신한은행의 수익성 창출, 이 3마리 토끼를 모두 잡겠습니다.

[발상의 전환, 피하지 말고 해결하라!]
　2012년 교양 수업을 듣기 위해 공학관 건물로 갈 때면, 항상 주변에 널브러진 담배꽁초와 쓰레기가 있어서 환경관리부 아저씨들이 매시간 치워야 하는 번거로움이 있었습니다.

'왜 하필 이곳만 유달리 지저분한 것일까?'라는 생각을 하며 주변을 둘러보았고, 학생들이 담배를 피울 수 있는 분리된 구역이 없다는 것을 발견하였습니다. '이미 더러워진 곳을 치우는 것보다 더러워지지 않게 하는 것이 필요하겠어'이라고 생각하며 들었던 아이디어는 담배꽁초를 버릴 수 있는 쓰레기통을 한곳에 두어 그곳을 흡연구역으로 만드는 것이었습니다.

담배를 피우는 사람들이 쓰레기통 주변으로 모이게 되면 훨씬 깨끗해질 수 있을 것이라는 생각을 가지고, 이를 공대 교양 교수님께 제안하였고, 바로 교학 팀을 통해 실현될 수 있었습니다.
이러한 경험들을 통해 작은 것에도 고민하고 분석하는 통찰력과 생각을 실천으로 옮기는 적극적 해결능력이 중요하다는 것을 깨달았습니다.

사소한 것에도 그냥 지나치지 않는 호기심과 판단력을 바탕으로 금융시장의 동향을 파악하여 고객이 진정으로 원하는 금융 서비스를 발 빠르게 찾아내겠습니다. 또한, 신한은행이 다양한 금융서비스를 만드는데 마케팅 아이디어를 제시할 수 있는 창의적인 은행원으로서의 역량을 발휘하겠습니다.

☑ 아시아나항공 - 지상직

 귀하가 지원한 직무는 무엇이며, 지원한 직무를 성공적으로 수행할 수 있다고 생각하는 이유를 본인의 경험에 기반을 두어 내세울 만 한 강점 혹은 개성을 바탕으로 서술해 주십시오

[고객들의 하루를 책임지는 Early Bird]

 2011년 4월부터 주중에 3일 동안 새벽 6시부터 카페 아르바이트를 했습니다.

 제가 가게 열쇠를 가지고 있었기 때문에 다른 직원들보다 더 빨리 출근해야했지만 남들보다 제일 먼저 고객을 만나고 커피 한잔으로 그들의 하루를 책임진다고 생각하면서 사명감을 가지고 <u>단 한 차례도 지각하지 않고 일 할 수 있었습니다.</u>

 <u>유아 손님</u>이 왔을 때는 편안하게 음료를 즐길 수 있도록 <u>직접 빨대 길이를 조절</u>해 가위로 잘라서 제공하였고, 커피를 잘 모르시는 손님들께는 취향과 그 날 기분에 맞는 음료를 추천해 드리곤 하였습니다. 이후 많은 손님들이 저를 찾는 단골이 되셨고, 고객 한 분 한 분께 최상의 서비스를 제공하기 위해 노력한 저는 지점장님께 인정을 받아 같이 일하던 직원들 중 가장 시급을 많이 받는 직원이 되기도 하였습니다.

 이렇듯 <u>작은 것 하나 손님의 가려운 부분을 파악하여 고객 맞춤형 서비스를 제공</u>하고자 하는 저는 공항서비스 분야에 큰 힘이 될 것입니다.

☑ GS리테일 - 마케팅

 정직함에 대하여. (경험이 있다면 그 상황에서의 본인의 입장 및 대처 사례) (400자)

[두 사람의 장사꾼]

 두 사람의 장사꾼이 있었습니다. 그들은 10년 동안만 정직하게 장사하다가 모두 믿게 되면, 그때 크게 한탕 사기를 치자는 것이었습니다. 그때부터 두 사람은 정직한 장사꾼이 되었습니다.

세월이 흘러 10년이 되자, 그 두 사람은 약속한 대로 한데 모였습니다. 그러나 그들은 갑자기 입을 다물었습니다. 둘 다 장사가 잘되고 있었기 때문입니다. 그들이 정직하게 장사를 했더니, 오히려 장사가 잘됐기 때문입니다. 이제 그들은 더 이상 남을 속일 이유가 없어졌습니다.

정직하다 보면 처음에는 뭔가 손해를 보는 것 같은 기분이고, 또한 실제로 조금은 그럴지도 모릅니다. 하지만 나중에 잘되는 사람은 거짓과 위선으로 가득 찬 사람이 아닌, 진실한 사람입니다.

이 이야기가 제가 생각하는 정직함에 대하여 잘 표현해주고 있다고 생각합니다. 또한, GS리테일에서 추구하는 정직도 이와 같은 것이라고 생각합니다.
GS리테일과 함께 정직을 실현하고 싶습니다.

☑ OB맥주 - 영업관리

자신을 대표하는 슬로건과 함께 본인에 대해 서술 (성장 과정)

[맞춤형 서비스를 제공합니다]
2010년 캐나다 워킹홀리데이 당시, daysinn호텔 객실 서비스부에서 객실을 청소하는 룸 메이드로 근무했었습니다.

주 고객이 현지인이었기 때문에 영어 의사소통의 문제로 자주 항의를 받았습니다. 3개월 동안 고객평가 10점 만점 중 5점 이상을 넘기지 못했고, 급기야 시급이 12불에서 10불로 삭감되기도 했습니다.

자소서를 요리하라

그러나 포기하지 않고 '이왕 시작한 거 끝까지 해보자.'라는 마음가짐으로 해결 방법을 모색하기 시작했습니다.

  결국, 고객과의 언어 차이를 보완할 수 있는 체크리스트 방법을 고안하여 담당 객실에 배치했습니다. 그리고 고객들이 각자 원하는 서비스 종류와 시간을 체크리스트에 지정하도록 했습니다. 그에 맞춰 고객이 원하는 시간대에 방문하여 청소했고, 고객이 지정한 요일마다 세탁물을 회수하거나 침대시트를 교체했습니다. 이렇게 고객마다 맞춤형 서비스를 제공하면서 5개월 후부터는 9.2점의 높은 고객평가 점수를 받으며 시급도 12불로 되돌릴 수 있었습니다.

  앞으로 오비맥주의 영업사원으로서 쉽게 포기하지 않고 끝까지 목표를 추진하는 끈기와 도전 정신으로 주어진 임무에 책임을 다하는 인재가 되겠습니다.

☑ 한샘 - 영업전문직 인턴

 자신에 대해 기술하시기 바랍니다. (성장과정, 자신의 장단점 등)

 [너만 한 애가 없다!]
  저는 근성 있는 성격을 가지고 있습니다.
  2007년부터 약 3년간 사보텐에서 아르바이트를 하였습니다. 홀 서빙으로 일하던 중, 매니저님의 제안으로 요리를 배워 3종류의 롤을 담당하게 되었습니다. 주부습진이 생길 만큼 성실하게 임했습니다.

  그 결과, 하루 매출 800만 원을 달성하는 강남점 주방의 메인으로

서 단품으로 나가는 메뉴를 컨트롤하는 역할을 맡았습니다. '에이스'
라고 불리던 이 시기는 뜻 깊은 경험이었습니다. 3년이 지난 지금도
점장님께서 '너 만한 애가 없다'며 전화를 하시곤 합니다.

　저는 근성과 성실함을 통해 타인의 신뢰를 얻는 것이 조직 내에서
얼마나 중요한지 깨달았습니다.

　하지만 때로는 지나치게 꼼꼼한 성격으로 인해 스트레스를 받습니
다. 이를 개선하기 위해 매주 볼링을 치며 스트레스를 풀곤 합니다.
이처럼 근성을 가지고 발전에 기여하며, 조직에 융화될 수 있는 한샘
의 사원이 되겠습니다.

☑ LG패션 - MD

　본인의 성장 과정을 자유롭게 기술하여 주시기 바랍니다. (최대
500자)

[나만의 인생 살기!]
　제 대학생활은 철저하게 제가 계획하고 실천했습니다. 유럽, 중동,
미국에 거주하며 주변에 의한 선택이 아닌 스스로 삶을 찾아 나서
는 자세를 가졌습니다.

　저는 사람을 통해 '삶'을 배웠습니다. 타지에서 만나는 사람들은 저
마다 살아온 환경이 달랐기에, 서로의 경험을 공유함으로써 다른 세
상을 간접적으로 체험할 수 있었습니다.

　한국을 미워하던 이탈리아 아이의 마음을 돌려 웃음 짓게 하는 베이비

시터가 되고, 색다른 메뉴인 고추장 크림 파스타로 교환학생 요리대회의 우승을 차지하며 매번 한 뼘씩 성장하였습니다.

저는 분명 고생을 사서 했습니다. 하지만 20대의 뜨거운 열정은, 도전을 성공으로 만드는 과정에서 근성을, 목표를 달성했을 때는 자신감을, 그리고 실패했을 때는 겸손함을 느끼게 해준 소중한 시간이었습니다.

다양한 문화를 접하며 넓힌 시각과 끊임없이 도전하는 열정, 신선한 에너지를 지닌 인재가 되어 가슴 떨리는 LG패션에서의 삶을 시작하고 싶습니다.

☑ **현대해상 - 보상**

[커뮤니케이션]

다른 사람에게 자신의 의견에 대한 수용, 동의를 이끌어 낼 수 있고, 진솔하게 확신에 찬 방식으로 상대방에게 깊은 인상을 심어 줄 수 있는 정도.

[작은 소란의 중심]

저는 '사과 잘하는 능력'을 가지고 있습니다. 잘못하지 않았더라도 때로는 시원하게 인정하는 자세에 사람들의 화는 쉽게 누그러집니다.

2010년의 학교 근로 활동은 그러한 모습을 잘 보여 줍니다. 강의실을 관리하며 학생들의 불편사항을 기재하는 임무를 맡으면서 저는 늘 '작은 소란'의 중심에 있었습니다. 한번은 강의실 인터넷이 고장나자 교수님께서 저에게 화를 내셨습니다. 이에 저는 경영대 사무실이 조치해주지 않았던 탓임에도 불구, 학생들 앞에서 공개사과를 하겠다고 요청했습니다. 억울하다 생각 않고 모두의 앞에서 조치를 취할 것을 약속하였습니다.

　그 다음에 <u>근로학생의 요청은 잘 응해주지 않는 현실을 말씀드리고,</u>
<u>함께 찾아가 주실 것을 부탁드렸습니다. 화를 내시던 교수님은 당당하게</u>
<u>사과하는 모습에 격려를 해주시고, 이후엔 든든한 저의 아군이 되어주셨</u>
<u>습니다.</u>

☑ LG디스플레이 - R&D(연구개발)

　부족한 지식이나 역량, 또는 새로운 기술을 개발하기 위해 노력을
기울였던 사례를 기술해 주십시오. 그러한 노력을 기울이게 된 계
기와 그 결과에 대해서 중점적으로 기술해 주시기 바랍니다. (1자
~1,000자)

[꿩 먹고 알 먹은 동아리 활동]

　하나의 상품을 개발하기 위해 많은 인력이 하나가 되는 연구개발
직무에서는 타 부서와 소통할 수 있는 역량이 매우 중요하다고 생각
합니다.

　지난 학기에 이 역량을 연합 PT 동아리 활동을 통해서 쌓았습니다.
저는 대중 앞에서 발표하는 것에 다소 자신이 없었습니다. 많은 것
을 준비했어도 막상 앞에 나가서 대중의 이목을 한몸에 받으면 아무
생각도 나지 않았습니다. 하지만 PT 능력은 커뮤니케이션에 있어서
필수라고 생각했기 때문에 피한다고 될 것이 아니라고 생각했습니다.

　이 단점을 극복하기 위해서 '부딪쳐 보자'는 생각으로 연합 PT 동
아리 MMD에 가입하여 올해 1월부터 6월까지 활동하였습니다. 활동
하던 중에 운영진 1명이 그만두게 되면서 신입 회원으로는 처음으로

운영진의 역할까지 겸하게 되었습니다. 운영진은 다른 회원보다 모범이 되어야 한다는 생각에 부족한 PT 실력을 기르기 위해 남들보다 더 많이 노력했습니다.

유명인사 발표 동영상이나 PT를 잘하는 사람의 발표를 보면서 하루에 20분씩 따라 해보기도 했고, 발표하기 전에 최소 5번의 예행연습을 했습니다. 또한, 동아리 운영에도 열정적으로 활동하였습니다. 다른 운영진들과 함께 MT, 단합대회 등의 활동을 기획하기도 했고, 부원들의 의견을 적극적으로 반영하면서 스피치와 토론, PT 발표 활동을 진행하였습니다.

그 결과 약 6개월 동안 전체 32명의 회원 중 단 1명의 중도 탈퇴 인원이 없을 정도로 성공적으로 6기 동아리 운영을 마무리하였습니다.

또한, 4학년이었기 때문에 바쁜 시기였지만 효율적으로 시간을 분배하며 열정을 가지고 참여한 결과 50명이 넘는 사람들 앞에서도 두려움 없이 PT 발표를 할 수 있는 자신감을 키울 수 있었고, 운영진 활동을 통해서 여러 사람과 화합, 소통하는 법을 배울 수 있었습니다. 특히 소통의 핵심은 잘 듣는 것이라는 점을 깨달을 수 있었습니다.

이런 경험을 바탕으로 입사 후 열린 마음으로 소통하여 기업이 시너지 효과를 낼 수 있도록 하겠습니다.

☑️ 포스코 - 엔지니어

 최근 가장 관심을 가지고 있는 사회적 이슈는 무엇이며, 그에 대한 본인의 의견은 무엇입니까? (1,800 byte)

 [아동복지 제도적 지원의 필요성]
평소에는 복지 분야에 대해 별 관심이 없었습니다. 저와는 상관없는 이야기라고만 여겨왔습니다. 하지만 공익근무 중 지역 아동센터에서 일하게 되면서 처음으로 아동 복지에 대해 생각하게 되었습니다.

기초생활보장 수급자, 차상위 계층, 한부모 가정, 다문화가정 등에 대해 알게 되었고, 그 열악한 환경에 대한 것도 알게 되었습니다.
또한, 이 가정에서 자란 아이들이 학교폭력의 가해자나 피해자가 될 경우도 크고, 심지어 가출하게 되는 경우도 많다는 사실을 알게 되었습니다.

지역 아동센터에서 근무할 때 한 학생을 보았습니다. 부모님께서 이혼하고 어머니를 따라서 새 가정에 가게 된 여학생이었습니다. 이 학생은 가정에 적응하지 못하고 있었고, 제게 속사정을 털어놓았습니다. 그리고 여학생 어머니가 그 학생에게 보낸 문자를 보고 충격을 받았습니다. 절대 어머니가 자식에게 할 수 없는 말들이 그 내용으로 적혀있었습니다.

그 문자를 보고 말문이 막혀 제가 이 학생에게 해줄 수 있는 말이 없었습니다. 또한, 이 학생을 위해 연결해줄 사회적 제도가 부족하다는 것을 알게 되었습니다. 만약 그때 제대로 된 지원과 제도만 있었더라도 그 학생이 가출하고 연락이 끊기는 일은 없었을 것입니다.

최근 많은 기업이 기부 활동을 하고 있습니다. 포스코 역시 1,080포 쌀을 사회복지시설 등에 전달한 기사를 트위터를 통해 알게 되었습니다. 저는 포스코에 입사하여 <u>봉사활동을 통해 아픈 아이들에게 환원하고 싶습니다.</u>

☑ LG생활건강 - 생산관리

 본인이 살면서 가치관을 형성하는데 가장 큰 영향을 끼친 경험이 무엇이며, 그 경험을 통하여 배운 점과 이후의 삶에 영향을 미친 구체적인 사례를 기술하여 주시기 바랍니다. (1,000 byte 이내)

 [원 샷, 원 킬]
생산 기술과 같은 공정 관련 직무에 관심이 있었습니다. CAD를 사용해 공정 도면을 그린다는 말에 공부를 시작했습니다. 하루에 6시간 이상 연습하며 시험을 준비했습니다. 하지만 시험 중 한 번의 실수로 3시간 동안 그린 모든 도면을 잃었습니다. 다음 시험에서 합격할 수 있었지만 한 번의 부주의로 인해 추가적인 시간과 노력을 쏟아야 했던 아쉬운 경험이었습니다.

그 사건 이후 '한 번에 정확히 하자'는 생각을 하게 되었습니다. 또한, 좀 더 세심한 성격과 자주 확인하는 습관을 들였고 불필요한 실수를 줄이려고 노력합니다. 이런 자세는 모든 일에 집중할 수 있는 원동력이 되었습니다.

<u>학과 전공과목에서 프로젝트를 진행해야 했습니다. 자정에 귀가하고 아침 6시에 학교에 가는 생활에서도 한 번뿐인 프로젝트의 성공을 위해서 잠자는 시간을 3시간으로 줄였습니다.</u> 이 같은 노력과 집중으로 5팀

중 1등이라는 성과를 내었습니다.

'한 번에 정확히'란 마음가짐은 엔지니어에게 중요한 자질입니다. 한 번의 실수는 공장 전체에 위협이 될 수 있기 때문입니다. 실수를 지양하고 성과를 낼 줄 아는 엔지니어가 되겠습니다.

☑ 현대건설 - 시공

 지원동기 (500자 이하)

 [뜻이 있는 곳에 길이 있다.]
대학교 2학년 때 학술동아리에서 건설회사와 관련된 데이터 베이스를 구축하였습니다. 시공능력평가 1위~50위 사이의 건설 회사를 2명씩 1조가 되어 3~4개씩 맡았습니다.
그 후 회사소개, 대표적 업적, 취업을 위해 도움되는 자료 등을 찾아 정리한 후 교수님과 선배들 앞에서 발표를 하였습니다.

대부분의 발표자는 인터넷을 통해 자료를 얻었지만, 저는 교수님을 통해 동문 선배의 연락처를 얻은 후 해당 회사에 취업한 선배에게 연락을 해 인터뷰를 진행하였습니다. 덕분에 선배를 통해 현실적인 정보를 얻었고, 발표 후 평가에서 저는 새로운 시도를 하였다고 칭찬 받았습니다.

이처럼 저는 빠르게 변화 하고 있는 건설업계에서, 현실에 안주하지 않고 끊임없는 도전정신으로 새로운 시도를 하는 글로벌 인재가 되고 싶습니다.
2020년 수주 120조, 매출 55억 원 달성을 목표로 하는 글로벌 일류 건설사 도약을 목표로 하는 현대건설에 입사하여 저의 꿈을 이루고 싶습니다.

☑ 한국전력공사 - 통신

 가장 도전적인 목표를 세우고 성취해낸 구체적인 경험, 자신의 행동, 결과 등을 기술하여 주십시오.

 [하수의 고민은 시간 낭비다]
자신이 부족한 점을 인정하고 극복하려고 노력하는 것은 힘든 일입니다. 리더쉽과 실행력이 부족하여 걱정이나 고민하기보다 도전적인 목표를 가지고 이를 극복하기 위해 노력했습니다.

친구와 15명 정도 인원의 맛집 동아리를 만들기로 했습니다. 사람들이 안 들어 올 것을 걱정했지만 실패도 경험이라고 생각하고 시작하였습니다.
사람을 모으기 위해 눈에 띄는 디자인과 문구를 찾았고 포스터 붙이는 곳을 선정하는 것에도 신경을 썼습니다. 또한 회원들에게 부담 없는 가격과 입맛의 맛집을 선정하고 먼저 들어온 회원과 신입 회원 간의 거리를 좁히는 데에도 신경 썼습니다.
2달 정도 뒤 걱정과는 달리 예상보다 많은 회원을 동아리 운영도 신경 쓴 결과 어렵지 않게 잘 돌아갔습니다.

입사 후에도 똑같습니다. 신입사원은 경험이 없기 때문에 고민은 시간 낭비라고 생각합니다. 실패를 두려워하지 않고 도전하는 자세로 회사에 도움이 되는 역동적인 인재가 되겠습니다.

☑ 신세계푸드 - 영양사

 자신이 성취했던 구체적 사례 (300자)

 [위생점검표의 중요성]
초등학교에서 영양교사로 실습을 하던 중 위생점검자가 방문하였습니다. 배식 후 양념통이 바닥에 가까운 곳에 놓여 있길래, 선반 위로 옮겼습니다.

나중에 영양사님께 들으니 제가 옮긴 양념통 덕분에 감점을 당하지 않았다고 하셨습니다. 작은 사건이지만 이를 통해 작은 것 하나에도 감점을 면할 수 있고, 업장의 위생상태에 영향을 미칠 수 있다는 것을 깨달았습니다.

영양사가 된다면 위생점검표를 상세히 만들어 여러 번 점검할 것입니다. 작은 것 하나도 놓치지 않고 주의를 기울여 안전한 식사를 제공할 수 있는 영양사가 되겠습니다.

자소서 레시피 노하우

MANUAL

03

맛있는 자기소개서의
조리순서

Recipe
know-
how

① 톡톡 튀는 요리 이름으로 호기심을 갖게 하자!

② 어떤 요리인지 간략하게 기술하자!

③ 과거의 요리경험을 두괄식으로 작성하자!

④ 조리과정을 구체적으로 작성하자!

⑤ 숫자를 넣어 조리과정에서의 열정과 신뢰감을 심어주자!

⑥ 완성된 요리에 대한 성과(평가)를 반드시 나타내자!

⑦ 요리경험을 지원직무와 연결시켜 주자!

맛있는 자기소개서의
조리순서

　이번 장에서는 앞서 언급했던 자기소개서를 맛있게 요리하기 위한 다양한 방법들을 가지고 어떻게 조리를 할 것인가에 대한 구체적인 방법을 제시하도록 하겠습니다.

　"신선한 재료", "특별한 양념"을 가지고 있으며, "데코레이션"과 "정성"을 통하여 요리 하고자 하지만, 정작 요리순서를 지키지 않으면 훌륭한 맛이 나지 않습니다.

　그럼 어떻게 맛있게 요리를 조리할 것인지에 대한 순서를 제시해 드리니, 이에 따라 본인의 경험 및 사례를 구체적으로 기술해 보시기 바랍니다.

Recipe Know-how 1 톡톡 튀는 요리 이름으로 호기심을 갖게 하자!

우리는 처음 가 본 식당에서 요리를 주문할 때 메뉴표를 보게 됩니다. 이때 메뉴표에 주문하고자 하는 요리의 이름이 특별하거나 독특하면 관심과 호기심 이 가게 되고, 어떤 요리인지 궁금해집니다.

채용담당자의 입장에서 본다면, 채용시즌 때 검토하는 입사지원서는 최소 수 백 장에서 수만 장에 이르는 기업도 있습니다. 인기 있는 대기업 및 공기업 등 은 실로 엄청난 양의 입사지원서를 검토하게 되는데, 이를 한 장도 빠짐없이 꼼 꼼하게 읽는다는 것은 솔직히 쉽지 않은 일입니다.

따라서 매 질문에 대한 항목마다 관심을 끄는 소제목을 달아서 아래의 내용 을 궁금해하게 한다면 어떨까요?
소제목없이 평범하게 기술된 다른 지원자들과는 달리 여러분들의 자소서는 그 내용을 끝까지 읽게 될 확률이 더욱 높아질 것입니다.

적절한 소제목으로는 한자 성어나 격언 등을 인용하는 것도 좋고, 시 제목, 책 제목을 변형해서 소제목을 다는 것도 흥미를 끌 수 있습니다.
광고카피 또는 신문의 제목을 가지고 나타내는 방법도 좋으며, 속담도 내용 에 맞게 일부를 변형하여 나타내는 것도 괜찮습니다. 또한, 수학공식을 이용해 서 나타내는 방법도 있습니다.

앞부분에서 제시한 합격 자기소개서의 다양한 예시에서도 보듯이, 매 항목마 다 아래의 내용을 함축하되 조금은 톡톡 튀는 소제목을 달아 관심을 끌어주었 음을 알 수 있습니다.

이처럼 일반적이고 평범한 소제목보다는 조금은 튀는 소제목을 달아서 채용
담당자가 호기심을 가지고 계속 내용을 읽어나갈 수 있게 하는 것이 서류전형
의 합격 확률을 높이는 맛있는 요리의 첫 순서입니다.

Recipe
Know-how **2** ## 어떤 요리인지 간략하게 기술하자!

다음으로 가급적 기술할 내용에 대해 함축적으로 정의를 하고 시작하는 것
이 좋습니다. 이는 바로 요리 메뉴판의 특이한 요리 이름 아래에 어떤 요리인
지 간략하게 설명해 주는 것과 같습니다.

예를 들어 성장 과정에 대한 기술의 경우, "어떠한 가치관과 행동을 통해 어
떤 삶을 살고자 노력했다." 등을 정의하고 시작하는 것입니다.
성격의 장단점의 경우에도, "제 성격의 장점은 어떻습니다." 라고 정의하고 시
작하는 것이 좋습니다.
입사 후 포부의 예를 들면, "입사 후 어떻게 하겠다는 비전을 가지고 아래와
같이 구체적인 계획을 실행하고자 합니다." 와 같은 비전제시, 또한 지원동기의
경우 "어떠한 면에서 ○○회사(직무)는 강점이 있기에 지원하게 되었습니다."
와 같은 회사소개(강점)가 그 예입니다.

하지만 글자 수가 짧게 제한이 있는 경우에는 이 부분을 반드시 기술해야 하는 것은 아닙니다.

또한, 매 항목마다 표시하는 것 보다는 한 번씩 생략해 주는 것도 무방합니다.

왜냐하면, 너무 일정한 틀에 박혀 있다는 인식을 줄 수 있기 때문입니다.

> [합격자소서 예시]
> ① 신차를 만들고 검증하며, 품질확보부터 양산까지 이 모든 과정을 거쳐야 하는 파이롯트는 타 부서와의 연계, 그리고 팀워크가 굉장히 중요하다고 생각합니다.
> ② 혁신은 기존의 고정관념에서 벗어나 자신의 주변에 작은 것에서부터 변화를 지향하는 자세와 그에 대한 관심으로도 새롭게 개선된 좋은 결과를 얻어낼 수 있습니다.
> ③ 글로벌 산업의 선두주자인 대한항공 직원이 함양해야 할 국제적 감각, 바로 '이해'와 '소통'입니다.

 Recipe Know-how 3 과거의 요리경험을 두괄식으로 작성하자!

채용담당자가 자기소개서를 통해서 가장 알고 싶어하는 것은 지원자가 가지고 있는 경험입니다. 특히나 다른 지원자와 차별되는 본인만의 특별한 경험에 대해서는 많은 관심을 가지게 되며, 실제 면접에 불러서 좀 더 많은 내용을 알고 싶어 합니다.

따라서 이 경험을 두괄식으로 작성하는 것이 좋은데, 이는 육하원칙 중에서 언제? 어디서? 무엇을? 등을 사용해서 경험을 먼저 써 주는 것이 효율적입니다.

예를 들어, "2013년 2월부터 7월까지 약 5개월간 종로 YWCA 봉사팀에서 사무보조 아르바이트를 한 경험이 있습니다."

또는 "대학교 2학년 시절 약 3개월간 삼성생명 역삼동 지점 마케팅팀에서 인턴으로 근무한 적이 있습니다." 등으로 언제? 어디서? 무엇을? 했는지 도입부에서 두괄식으로 나타내어 주는 것이 내용을 전개하는 데 있어 효과적입니다.

또한, 이때 경험의 시기는 아주 특별한 것이라면, 초등학교 또는 중학교 또는 고등학교 시절의 경험도 괜찮겠지만 가급적이면 대학교 또는 대학원 시절의 경험을 쓰는 것이 좋습니다.

왜냐하면 입사하는 시점과 가장 가까운 시기의 경험들이 입사 후에도 그대로 이어진다고 보는 시간적 관점 때문입니다.

[합격자소서 예시]
① 대학교 3학년시절 전공인 러시아어를 향상시키고 영업 필드에서 현장감을 쌓기 위해 KOTRA 모스크바 무역관에서 인턴십을 했습니다.
② 2011년 KT 인턴십에서 첫 미션은 '모바일을 활용한 프로모션' 이었습니다.
③ 가락동 시장에서 약 2년간 일하면서 식자재 유통 사업에 대해 생각해 볼 기회가 있었습니다.

Recipe
Know-how 4 조리과정을 구체적으로 작성하자!

앞서 내용의 도입부에 자신의 경험을 두괄식으로 표시하였다면, 이제부터는 그 경험에 대해 구체적으로 풀어나가는 작업을 하여야 합니다.

처음 그 경험을 접하기 전에 가졌던 생각들과 행동들, 그리고 진행 중에 있었던 에피소드들, 또한 어려움을 극복해 나갔던 과정들, 기타 창의적인 생각들

등을 구체적으로 적어 내려갑니다.

단순히 설명식 또는 나열식으로 과정을 표현하기보다는 자기 생각과 의견을 담아 창의적으로 써야 합니다.

이를 통해 채용담당자는 도전정신, 창의성, 열정, 패기 등 기업에서 원하는 인재상인 공통역량을 지녔는지 가늠해 보기 때문입니다.

> [합격자소서 예시]
> ① 카페 SNS 페이지, 모바일 게임을 통한 사은품 증정 이벤트와 노래 공연 등을 기획했었습니다.
> ② 국내외 20여 개의 SNS/MMS 업체를 조사했습니다. 그 중 Smart Wallet의 모바일 마켓 신설, 카드 포인트 통합이용 아이디어, 기프티콘을 통한 판매전략이 실장님의 좋은 반응을 얻었습니다.
> ③ 낮에 오시는 손님들은 모두 야외로 모셔 맛집으로 인식케 하는 효과를 거두었으며, 디너메뉴와 디저트를 묶어 1+1 형식의 할인된 가격으로 음식을 제공하였습니다.

Recipe Know-how **5** 숫자를 넣어 조리과정에서의 열정과 신뢰감을 심어주자!

경험을 구체화하는 과정에서 중간중간 숫자(예를 들어 몇 원, 몇 시간, 몇 개월, 몇 %, 몇 명, 몇 번 등)를 넣어야 합니다.

요리 매뉴얼에도 몇 g, 몇 숟가락, 몇 cc 등의 숫자를 통해 정확한 분량을 산출하고 이를 통해 최고의 맛을 완성하는 것과 같은 이치라고 이해하면 되겠습니다.

실제 기업에서의 품의서(결재서류) 및 각종 보고서에서는 정성적인 표현보다

는 정량적인 표현들이 더 많이 쓰입니다. 대부분 숫자, 그래프, 도표 등을 통하여 정량화시키는데 이것이 신뢰성을 더 높여 주기 때문입니다.

일례로, "다양한 공모전 경험을 하였습니다." 라고 표현하기보다는 "○○○공모전, △△△공모전, □□□공모전 등 약 10여 차례 이상의 다양한 경진대회 경험을 하였습니다." 라고 표현하는 것이 훨씬 더 신뢰감을 줍니다.

심지어는 "보조주방에서 아르바이트를 하면서 힘들었습니다." 라는 표현도 "약 3주일간 하루에 10시간 이상 서서 일하면서 매일 300개의 양파를 썰고 200단의 파를 다듬었습니다." 라고 표현해 주어야 열정이 느껴지기 때문입니다.

[합격자소서 예시]
① 10회의 설계 변경과 시행착오를 거치며 노하우를 배울 수 있었고, 50만원 이라는 적은 예산으로 자동차를 만들기 위해 노력하였습니다.
② 1,000여 개의 품목을 혼자 조사하였습니다. 평일 추가근무와 주말근무까지 신청하여 10일동안 2년치의 자료까지 분석하였고, 이 자료를 통해 1억 1천만 원이라는 예산을 청구하였습니다.
③ 제가 살고있는 은평구 지역의 12곳의 마트를 조사했습니다. 오비맥주 제품이 4, 하이트나 수입제품이 6의 비율로 진열되어 있었습니다. 하지만 3년 후에는 7:3의 비율로 진열되고 선호되도록 만들어 보겠습니다.

Recipe Know-how **6** **완성된 요리에 대한 성과(평가)를 반드시 나타내자!**

도전정신과 열정을 다해 창의적인 방법으로 완성된 요리에 대해 본인 스스로 또는 주변에서 어떤 성과(평가)가 있었는지 제시해 주는 것이 좋습니다.

채용담당자가 입사지원자의 요리경험에 대해 관심을 갖는다면 이 경험을 통하여 지원자가 얻은 성과를 보고 지원자에 대해 확신을 하기 때문입니다.

따라서 경험이 있었다면 반드시 이에 대한 성과를 써야 합니다. 성과를 표시할 때도 숫자로 표시하여야 하며, 숫자로 표시가 불가능할 경우에는 인용표시를 하고 관련 내용을 나타내 주는 것이 좋습니다.

예를 들어 공모전 경험의 성과를 표시할 때에는 전체 몇 팀 중에서 몇 위에 해당하는 성과를 거두었습니다. 또는 매장 판매 아르바이트의 경우 전월 판매액 100만 원에서 당월 판매금액 150만 원으로 약 150%의 신장을 하였습니다. 등으로 구체적인 수치로 나타내 주는 것이 좋습니다.

정성적인 성과(평가)의 경우, 팀 과제 수행경험에 대한 성과를 표시할 때에는 담당 교수님으로부터 "○○○ 군이 참여팀 중에서 어떤 면에서 어떻게 창의적인 아이디어를 냈다."라고 칭찬하셨습니다. 등으로 칭찬내용에 대한 직접 인용도 좋은 표현 방법입니다.

> [합격자소서 예시]
> ① 그 결과 세 달 만에 홈페이지 가입자 수가 목표했던 500명을 돌파했고, 인재 DB 약 90명 또한 확보할 수 있었습니다.
> ② 최종결과는 전체참가자 139명 중 외국인 52명으로 37%의 외국인 비율을 달성하였으며, 담당 팀장님으로부터 "목표 달성을 위한 책임감이 돋보인다"는 칭찬을 듣기도 했습니다.
> ③ 예선을 통과한 후 본선에서 심사위원 앞에서 제가 제안한 아이디어를 발표하였고, 전체 40개팀 중 4등인 장려상을 수상하였습니다.

　마지막으로 지금까지 요리했던 경험에 대한 모든 내용을 정리하는 시간을 가져야 합니다. 과거의 요리경험을 가지고 입사 후에도 어떻게 요리를 하겠다는 일종의 각오라고 보면 됩니다.

　예를 들어 이러한 "열정적이고 창의적인 경험을 바탕으로 ○○사의 ○○분야에서 끊임없이 도전하여 성과를 창출할 수 있는 인재가 되겠습니다."

　또는 "이러한 도전정신을 가지고 ○○사의 ○○분야에서 매출신장을 거두는데 일조하고 싶습니다." 등으로 지원직무와 연결을 시키면 됩니다.

　하지만, 이 또한 글자 수가 적게 제한이 되어 있는 경우에는 매번 표시해 줄 필요는 없습니다. 그리고 매 항목마다 표시하여 정형화된 틀에 박혀 있다는 인식을 주지 말고, 꼭 필요한 항목에만 기술해 주는 것이 더 효과적입니다.

> [합격자소서 예시]
> ① 입사 후에도 저의 이런 자신감과 글로벌 마인드를 바탕으로 전 세계의 SK telecom 고객에게 다가갈 수 있도록 하겠습니다.
> ② 저의 깨달음을 토대로 항상 고객의 입장에서 생각하고, 창의적인 아이디어로 문제를 해결하기 위해 노력하는 플랜트 기술 엔지니어가 되겠습니다.
> ③ 매사에 열정을 다하면 못해낼 것이 없다는 것을 배웠습니다. 현대자동차에 입사하여 이와 같은 열정을 가지고 꿈을 이루겠습니다.

MANUAL
04

기본메뉴의 조리방법

Recipe
Know-
how

1 성장과정

2 성격의 장·단점

3 지원동기

4 입사 후 포부

기본메뉴의 조리방법

이번 장에서는 대부분의 기업에서 요구하는 자기소개서에 가장 일반적으로 등장하는 4가지 기본메뉴에 대한 비법 레시피를 공개하도록 하겠습니다.

> ① 성장과정
> ② 성격의 장·단점
> ③ 지원동기
> ④ 입사 후 포부

이 4가지에 대한 작성방법만 익힌다면, 에세이 형태로 묻는 어떠한 자기소개서 질문에 대한 답변도 어려움 없이 기술할 수 있을 것입니다.

1 성장과정

성장과정은 어떤 의도를 가지고 물어보는 것일까요?

이는 지원자가 어떤 가치관과 목표를 가지고 살아왔는지에 대해 파악하기 위한 것입니다.

하지만 아래와 같이 성장과정을 작성하는 것은 바람직하지 못합니다.

> ① 부모님 이야기
> 어떤 성격을 가진 두 부모님 사이에서 몇째로 태어나서 부모님의 어떠한 영향을 받아 어떻게 생활하였습니다. (×)
>
> ② 설명식, 나열식 전개
> 어느 지역에서 태어나 초등학교는 어느 곳을 졸업했고, 중학교 때는 어떠했으며, 고등학교 시절, 대학교 시절 등.. 어떠했습니다. (×)

그럼 어떻게 써야 할까요?

> ① 대학 시절 스토리
> 가급적 현재와 가장 가까운 대학 시절의 다른 사람과 차별화된 특별한 경험 1~2가지를 선택하여 기술해 주세요. (○)
>
> ② 가치관과 직무역량
> 이 경험을 통해 본인의 가치관과 직무역량을 나타내 주면 됩니다. (○)
>
> ③ 글자 수에 따라 경험의 개수를 조정
> 500자 내외의 글자 수 제한이 있는 경우에는 1가지 경험을 사례로 제시하여 집중적으로 풀어쓰는 것이 효과적입니다. (○)

하지만 600자가 넘어갈 경우 1가지 경험으로 작성하다 보면 내용이 늘어져 임팩트가 떨어지므로, 2가지 경험을 가지고 각각 소제목을 달고 다른 내용으로 따로따로 쓰는 것이 보다 더 효과적입니다.

☑ LG서브원 - 합격 자기소개서

[외국 친구들이여, 나를 따르라!]
  도전하는 자만이 기회를 얻을 수 있고, 그 기회는 준비된 자만이 살릴 수 있습니다.

  2013년 겨울, 영국에서 지내는 동안 중고의류가게 AGE UK에서 근무했습니다. 언어를 향상하고자 하는 예상과 다르게 외국 학생들은 모두 창고에서 일하고 있었습니다. 그들은 창고에서 물품을 분류하는 것이 당연한 일이라 말했지만 저는 목표 성취를 위해 다음과 같이 창고 탈출 전략을 세웠습니다.

  1. 열정 어필 어학 자격증 취득
  매일 20분 일찍 출근하여 고객 응대를 하고 싶은 저의 열정을 매니저에게 어필했습니다. 하지만 '백문이 불여일견'. 아시아 학생들에 대한 선입견을 없애기 위해서 필요한 것은 백 마디 말보다 한 장의 자격증명서였고, 저는 2개월 만에 해당 자격증을 취득했습니다.

  2. 고객 만족 100% 물품 리스트 제작
  주 고객층이 60~70대의 방언을 쓰시는 노인분들이었습니다. 고객과의 소통 문제를 줄이기 위해 가게 내 물품들을 품목별로 정리하여 리스트로 만들었습니다. 구역별로 알파벳을 지정하고 위치에 따라 번호를 붙였습니다. 약 100여 가지의 다양한 물품들을 한눈에 볼 수 있게 해주는 물품 리스트를 제작했고, 고객과 기존 근무자 모두가 좀 더 효율적으로 소통할 수 있게 해주었습니다.

이와 같은 3개월 동안의 노력으로 저는 외국인 학생 최초로 창고에서 벗어나 외국인 고객들을 상대로 영업 활동을 할 수 있었습니다. 이후 영업 활동의 25%가 외국인 학생으로 구성되었고, 근무 5개월 차, 효율적인 업무를 위하여 신입 외국인 학생들을 교육하는 사원 관리 업무를 담당하게 되었습니다.

Recipe Know-how 2 성격의 장·단점

성격의 장·단점 작성 시 우선 전체 분량에 대해 조정해 줍니다.

> ① 장점 : 전체분량(100%)의 약 70~80%
> ② 단점 : 전체분량(100%)의 약 20~30%

다음으로 소제목은 장점에 대한 소제목을 달고, 단점에 대한 소제목은 별도로 달지 않습니다.

장점은 기업의 인재상 또는 직무역량과 밀접한 것으로 선택하는 것이 좋습니다.

예를 들어 도전정신, 열정, 책임감, 창의성 등으로 말입니다.

장점의 개수는 2개 이상을 넘지 않는 것이 좋으며, 내용의 맨 앞부분에 "제 성격의 장점은 어떻고 어떻습니다." 로 먼저 정의를 해 줍니다.

그 다음에 "언제 어디서 어떤 경험이 있었습니다."로 경험을 두괄식으로 표시하여 장점에 대한 구체적인 근거를 제시해 줍니다.

물론 성과까지 포함해서 마무리해 주면 됩니다.

앞서 언급했던 자기소개서 작성순서의 맨 마지막 부분인 직무의 연계는 글자 수 제한에 따라 이어서 써주어도 좋고 생략해도 괜찮습니다.

이렇게 해서 전체의 70~80%의 분량을 채웁니다.

이어서 단점은 "소극적이다." 또는 "다른 사람과 잘 어울리지 못한다." 등의 치명적인 것을 쓰면 안 됩니다.

다른 측면에서 바라보면 장점이 될 수 있는 다음과 같은 내용으로 써야 합니다.

① 한꺼번에 많은 일을 처리하려고 한다는 것입니다.
② 한 가지 일에 집중하면 다른 것을 잘 보지 못한다는 것입니다.
③ 매사에 신중하다 보니 의사결정이 다소 늦다는 것입니다.
④ 간혹 지나치게 꼼꼼하다는 것입니다. 등으로 표현해 주세요.

그리고 이어서 경험이나 사례를 제시하는 것이 아니라 개선점 및 보완점을 기술하여 어떠한 노력을 하고 있는지 나타내 주면 됩니다.

혹자는 "단점도 구체적인 사례를 제시하고 이를 통해 어떻게 극복하고 이겨냈는지 자세하게 써줘야 하지 않습니까?" 라고 얘기합니다.

물론 틀린 얘기는 아니지만, 최근의 사례로 보았을 때 이렇게 자세하게 단점을 기재한 지원자들이 실제 면접에서 아직도 단점이 남아있는 것은 아닌지에 대해 면접관으로부터 압박면접을 받는 일이 발생하였습니다.

따라서 제한된 자기소개서 전체 분량에서 단점 부분은 가급적 최소화시키고, 장점 부분을 좀 더 부각하는 것이 현명한 선택일 것입니다.

✅ KT - 합격 자기소개서

[팀 프로젝트 섭외 1순위]

제 성격의 장점은 적극적이며 열정을 가지고 있다는 것입니다.

대학 3학년 때 마케팅 수업시간에 '대학생에게 사랑받는 휴대폰을 만드는 방법'이란 주제로 팀 프로젝트를 수행하였습니다.

5명 조원이 모여 브레인스토밍을 한 결과 20가지의 다양한 의견들이 나왔고, 저는 의견을 종합하여 현재 대학생뿐만 아니라 미래의 대학생이 될 고등학교 2학년 학생들에게 설문조사를 하자고 제안하였습니다.

특히, 5개 고등학교 1,000명과 대학생 500명에게 설문조사를 할 때 학교에서 쫓겨나기도 하며 힘들었지만, 열정적으로 노력한 결과 5명 조원 전부 A+라는 최고의 성과를 얻었습니다.

KT에서 영업관리 업무를 할 때 고객과의 문제, 타 부서와의 문제, 나와 회사와의 갈등 등 수많은 문제에 부딪히게 되더라도, 갈등 사이에서 서로 간의 입장을 이해하고 둘 다 만족할 수 있는 해결책을 제시하여 성과를 창출하겠습니다.

반면 저의 단점은 간혹 지나치게 꼼꼼해 스트레스를 받는다는 것입니다.

이를 개선하기 위하여 일주일에 1시간씩 명상을 하며 머리를 맑게 하고, 생각을 깊이 그리고 빨리할 수 있는 연습을 6개월 전부터 시작하였으며, 지금은 많이 개선되었습니다.

　실제 현업 인사팀에서 근무 당시, 자기소개서를 검토하다 보면 첫 번째로 관심을 가지고 읽는 곳이 바로 맨 앞부분의 내용입니다.

　이는 똑같은 자기소개서의 질문에 대해 비슷비슷한 답변내용이 있다면 솔직히 더 읽어 내려가고 싶은 생각이 없어집니다.

　그렇지만 자소서의 서두 부분에 특별한 경험을 제시해 준다면, 또한 이 경험이 직무와도 연관되어 있다면 인사담당자는 훨씬 더 관심과 호기심을 가지고 자소서를 읽어 내려갈 것입니다.

　하지만 앞부분보다 더 중요한 부분이 대략 중간 부분 이후에 나오는 지원동기 부분입니다.

　우리 회사에 또는 희망직무에 왜 지원했는지? 가 인사담당자의 입장에서는 가장 알고 싶어 하기 때문입니다.

　간혹 맨 앞부분에 지원동기 및 입사 후 포부가 함께 나오는 경우도 있는데 이때에는 이 부분을 가장 신경 써서 어필해 주어야 합니다.

　그럼 지원동기는 어떻게 써야 할까요?

　쉽게 이야기하자면, 남자가 여자에게 프로포즈를 한다고 가정하고 기술해 주면 됩니다.

　남자가 여자에게 프로포즈할 때 결혼상대자의 어디가 어떻게 마음에 든다고 먼저 고백하는 것과 같습니다. 가령, 마음씨가 너무 고와서 또는 눈이 아주 예뼈서 등 이것이 바로 지원회사의 강점을 설명하는 것입니다.

그 후 남자는 여자에게 확신을 주기위해 당신과 결혼하기 위해 내가 이런 것들을 준비했다고 말합니다. 예를 들어 조그만 집, 차 등 이것이 바로 지원 직무에서 지원자가 가진 역량을 나타내 주는 것입니다.

결론적으로 지원동기는 지원회사의 어떤점이 마음에 들어 지원했고, 저 또한 지원 직무에서 어떤 역량을 갖추고 있기에 입사 후에 어떻게 기여할 수 있다고 나타내 주는 것입니다.

한가지 유의할 점은 지원회사의 강점을 기술할 때 모두가 아는 것을 쓰는 것보다는 기업분석을 통하여 다른 지원자들과 좀 더 차별화된 것을 작성하되, 그 양을 전체분량의 1/3 이내로 줄여써야 한다는 것입니다.
결국 지원동기는 지원 직무에 대한 역량을 얼마나 가지고 있는지 과거의 경험을 바탕으로 예측해 보는 것입니다.

☑ CJ프레시웨이 - 합격 자기소개서

 [″거래처와 상생하는 토털 솔루션 서비스″]
　일반적으로 식품기업은 신선한 식자재 공급이 전부라고 생각할 수 있습니다.
　하지만 CJ프레시웨이의 토털 솔루션 서비스는 식자재 유통의 새로운 패러다임을 제시한 신선한 충격이었습니다. 영업담당자가 식자재 뿐만이 아닌 식당 홀, 주방의 업무 효율, 메뉴, 위생관리, 서비스 역량 등을 꼼꼼히 체크하며 필요에 따라 CJ프레시웨이의 인프라도 지원하는 혁신적인 서비스 시스템입니다.

한계를 두지 않는 서비스로 혁신을 이루는 CJ프레시웨이에서 저 또한 혁신적인 서비스를 제공하고 싶습니다.

[영업전쟁에서 승리하기 위한 세 가지 필승카드]

1. 좋은 무기입니다.

저는 롯데리아 본사에서 구매거래처, 가맹점 고객들과 협업한 경험이 많습니다. 구매처와 공급물량을 맞추기 위해 많은 조율을 했으며, 가맹점 컴플레인 처리를 통해 협상 능력도 길렀습니다.

이를 통해 익힌 협상과 조율능력은 식자재 유통 영업을 하는 강력한 무기가 될 것입니다.

2. 뛰어난 전략입니다.

뛰어난 전략은 정확한 이해에서 비롯됩니다. 롯데리아 근무 시 식품과 유통에 대한 이해도 높았습니다. 유통기한에 민감한 식자재의 배송과 보관방법, 효율적 유통망 활용을 통한 비용절감 등이 그러한 것들입니다.

식품과 유통에 대한 높은 이해도를 바탕으로 시장에서 승리할 수 있는 영업전략을 수립하겠습니다.

3. 많은 경험입니다.

저는 15년간 어머니께서 운영하시는 제과점 일을 도우며 고객 응대를 했습니다.

빵 맛이 이상하다며 먹던 빵을 반품해 달라고 가져오는 손님, 많이 샀으니 덤으로 빵을 달라고 하시는 어르신 등 다양한 고객들이 있었습니다.

처음에는 응대가 어려웠지만, 나중에는 노하우가 생기면서 응대를 넘어 많은 단골 고객들과 친분까지 쌓을 수 있었습니다.

이 경험들은 CJ프레시웨이 입사 시 영업현장에서 고객을 응대하는 기본 역량이 될 것입니다.

 이러한 저의 세 가지 필승카드로, 치열한 식자재 유통 영업전쟁에서 반드시 승리하겠습니다.

입사 후 포부

마지막으로 입사 후 포부입니다.
 만약 입사한다면 어떤 일을 어떻게 하고 싶은지에 대한 질문으로 흔히 답변하는 내용은 다음과 같습니다.

> ① 선배들을 잘 따르며 스펀지 같은 흡수력으로 업무를 익히겠습니다. (×)
> ② 매일 일찍 출근하고 늦게 퇴근하며 업무를 익히겠습니다. (×)
> ③ 무엇이든 시켜만 주신다면 열심히 하겠습니다. (×)

 이와 같은 평범한 답변은 가장 기본적인 포부로 입사후에 누구나 가져야 할 자세입니다.
 다른 지원자와는 차별화되고, 채용담당자의 관심을 끌 수 있는 입사후 포부는,

> ① 지원직무와 관련하여 조금은 범위를 좁혀 어떻게 하겠다는 구체적인 내용을 언급하는 것입니다. (○)
> ② 발로 뛰는 입사 후 포부를 제시하되, 예를 들어 "우리 회사의 어느 매장, 어느 지점, 어느 부서 등을 어떻게 방문하여 어떠한 점들을 배우겠습니다." 또는 "동종 타사(경쟁사)의 어디를 어떻게 방문하여 무엇을 어떻게 벤치마킹하고 어떻게 개선하겠습니다." 등으로 구체적으로 제시하여야 합니다. (○)
> ③ 첫째, 둘째, 셋째 등으로 또는 1. 2. 3. 등으로 구분하여 제시하는 것이 훨씬 더 효과적입니다. (○)

☑ 롯데 코리아세븐 - 합격 자기소개서

[매출향상을 위한 3가지 아이디어]
　제가 (주)코리아세븐에 입사하게 된다면,

　첫째, 저는 코리아세븐의 매출향상을 위한 아이디어를 꾸준히 제시하겠습니다.
　보통 고객분들이 세븐일레븐 매장에 방문하면 1+1이나 2+1상품 등 프로모션 간식상품을 많이 구매합니다. 그런데 프로모션을 진행하는 날짜와 기간을 잘 알지 못하는 경우가 많습니다. 그래서 행사 기간이 얼마 남지 않았을 경우 대량 구매하거나, 행사기간이 아닐 경우 다음번 행사기간을 기다리기도 합니다.

　저는 이런 점을 개선하기 위해 코리아세븐에서 캐시비카드의 정보 등을 활용해 문자나 이메일로 DM을 발송하여 프로모션에대해 홍보하는 아이디어를 제시하겠습니다.

　둘째, 저는 제가 맡은 점포의 매출을 향상시키겠습니다.
　예를 들어 제가 편의점에서 아르바이트할 때 샌드위치는 오전에 팔리는 제품이라 생각하여 오전에 판매되는 양을 기준으로 발주하고, 오후에는 폐기제품이 나오지 않도록 발주량을 최소화했습니다. 그러나 저는 직장인이 밤 시간대 아침 식사 대용으로 샌드위치를 구매하는 일을 자주 보았습니다. 그래서 '샌드위치는 아침에만 판매할 수 있는 것이 아니다'라고 생각을 했고, 점장님께 허락을 받아 〈내일 아침, 간편한 아침 식사를 위한 샌드위치〉라는 POP를 만들어 부착했습니다.

　그랬더니 실제로 샌드위치 저녁 판매량이 확연히 올랐습니다. 이처럼 저는 매장에서 근무하면서 매출향상을 위한 방안을 생각하고, 실행하여 코리아세븐의 매출향상에 기여하겠습니다.

셋째, 저는 고객과 소통하고, FC가 되었을 때 점주님들과 소통을 잘하겠습니다.
저의 어머니께서는 일구회라는 봉사활동 단체에서 활동하고 계십니다. 저는 어머니의 권유로 이주일에 한 번씩 어머니와 함께 일구회 봉사활동을 하고 있습니다. 일구회는 어른들로 구성된 봉사단체인데, 이 단체에서 꾸준히 활동하다 보니 어른들과 소통할 수 있는 방법을 터득했습니다.

이러한 경험을 바탕으로 영업관리직을 수행하며 고객과 점주님, 그리고 회사 직원들과 소통하며 회사의 발전에 기여하겠습니다.

☑ LG패션 - 합격 자기소개서

[발로 뛰며 실천하겠습니다.]
LG패션 TNGT 영업관리로 입사하게 된다면, 현장을 발로 뛰며 매출향상을 위한 노력을 아끼지 않겠습니다.

첫째, 가로수길 매장은 젊은층이 주로 찾는 매장입니다.
매출향상 방안으로는 보다 많은 젊은층의 방문을 이끌기 위해 플리마켓 세일즈를 전략적으로 활성화시키겠습니다.

둘째, 양재점은 인근의 직장인이 많습니다.
따라서 출근하는 직장인들에게 개별적인 TPO 스타일링을 통하여 매장의 재방문을 적극적으로 유도하겠습니다.

마지막으로, 명동 매장은 외국인 관광객을 주요 타겟층입니다.

LF MAP을 제공하여 명동 상권내 LG패션 전 매장의 방문을 이끌겠습니다.

이처럼 LG패션 영업관리 업무에서 발로 뛰며 고객을 직접 찾아가는 서비스를 실천하는 인재가 되겠습니다.

MANUAL
05

요리의 맛을 더해주는
"소스"의 활용

Recipe
know-
how

① "식욕저하 소스"는 금지하라!

② "감칠맛 소스"를 사용하라!

요리의 맛을 더해주는 "소스"의 활용

　지금까지 처음부터 꼼꼼하게 이 책을 읽으신 분이라면 자기소개서 작성에 대해 자신감이 많이 향상되었을 것이라고 생각합니다.

　이번 장에서는 완성된 요리에 마지막으로 "소스"를 뿌려주어 최고의 맛을 느끼게 해주는 작업에 대해 살펴보겠습니다.

　청정지역에서 방목하며 자연의 싱싱한 풀을 뜯어 먹고 자란 소의 신선한 고기를 사용하여 스테이크를 만들었습니다. 이때 사용한 고기가 바로 "신선한 재료"이겠죠.

　또한, 특별한 맛도 나게 올리브유를 바르고 허브 후추도 뿌려줍니다. 이처럼 "특별한 양념"을 가미하면 훨씬 더 맛있어지겠죠.

　큰 접시에 특별한 양념을 발라 잘 구운 스테이크를 올리고, 그 주변에 샐러드, 으깬 감자, 구운 버섯, 브로콜리, 과일 등을 가지런히 배치하여 시각적인 효과를 극대화 시킵니다. 이것이 바로 "데코레이션"을 통한 시각적 식욕자극 효과입니다.

이렇게 지금까지의 과정을 정성껏 진심을 다해 요리한다면, 이 음식을 드시는 분도 감동할 준비가 되었을 것입니다.

이제 마지막으로 나의 스테이크 요리에 가장 잘 어울리는 감칠맛 나는 소스를 뿌려주어 최고의 요리로 완성해 주는 작업이 필요합니다. 완성된 요리의 맛을 최대한 살리기 위해 마지막으로 어떤 소스를 뿌려주느냐가 어쩌면 스테이크의 맛 전체를 좌우할 수도 있음을 인식해야 합니다.

자기소개서를 작성할 때 "소스"라 함은 결국 자기소개서에 쓰이는 단어 하나하나, 문장 하나하나를 말하는 것입니다.

저는 실제 최근 여러 곳의 공기업의 서류전형을 의뢰받아 직접 검토하여 점수화한 사례가 있습니다. 이때 좋은 재료와 특별한 양념, 그리고 데코레이션을 잘했음에도 불구하고 감칠맛 나는 소스를 사용하지 못하여 전체적인 자기소개서의 맛을 떨어뜨리는 사례를 종종 보곤 합니다. 여러분들은 이러한 누를 절대 범하지 말아야 합니다.

이번 장에서는 여러분들에게 자기소개서를 작성할 때 절대 사용하지 말아야 할 요리의 맛을 저하하는 "식욕저하 소스"와 요리의 맛을 최고로 완성해줄 수 있는 "감칠맛 소스"에 대한 예시를 수록했습니다.
예시된 소스 자료를 활용하여 여러분의 자기소개서를 최고의 요리로 만들어 보시기 바랍니다.

☑ 타인과 비교하면 입사 준비를 많이 하지 않았습니다. (×)

☑ 여전히 토익과 같은 필요악의 조건들을 충족시키는데 시간을 허비하는 것이 불가피 하다는 것입니다. (×)

☑ 저를 반드시 채용해야 하는 특별한 이유는 없습니다. (×)

☑ 취업을 하기 위해 지원하였습니다. 열심히 근무해서 부모님도 도와드리고 그렇게 살고 싶어서 지원하였습니다. (×)

☑ 특별한 스펙이라고 할만한 것은 없지만, 방송현장에서 터득하게 된 인내심과 극기는 어떤 어려운 일 속에서도 나를 강하게 만들어 줄 것으로 확신합니다. 신입사원이란 으레 그런 것이지 않나. 아는 것보다는 가르쳐야 할 것이 많은 .. 그들과 대비해 내가 가지고 있는 확연한 장점은 능동적인 자세와 인내심이라고 생각합니다. (×)

☑ 취업한다는 확실한 맘을 먹고 회사에 취업할 수 있도록 알아보는 와중에 우연히 ○○사에서 채용한다는 말을 듣고 지원하게 되었습니다. (×)

☑ 돈의 힘에 대해 뼈저리게 느꼈습니다. 전업투자를 두 차례에 도전했으며, 웬만한 연봉 정도를 3일 이내에 잃어보기도 했습니다. 그러한 실패에도 불구하고 한번 더 도전했지만, 개인적 사정으로 그만두게 되었습니다. 비록 관두었으나 몸으로 느껴봤다는 점이 타인과는 차별화되는 금융

에 대한 저의 강점이라 생각합니다. (×)

☑ 특별하게 타인과 갈등을 겪은 경험이 없습니다. 대학시절 교내 사진 동아리 및 전통문화 동아리, 온라인을 통해 사회인 등산 동호회 및 봉사 동호회를 했으나 대인관계 및 소통능력은 양호한 편이기에 작성할 만한 갈등 상황이 없었습니다. (×)

☑ 원만한 성격이며 중론을 따르는 편이기에 특별히 작성할 만한 갈등 경험이 없습니다. (×)

☑ 특별 경험이 없습니다. 믿고 생각한 바를 계속 주장하거나 그것을 가지고 토론하기보다는, 나의 생각이 잘못된 것은 아닐까 돌이켜보는 성격을 가지고 있기에 조직 혹은 다른 사람과 크게 갈등을 겪은 경우는 없습니다. (×)

☑ 그러던 중 ○○사의 채용공고를 보게 되었고, 망설임 없이 ○○사에 지원하게 되었습니다. (×)

☑ ○○사에 대해서 전체적으로 빠삭하게 알고는 있지는 않지만, 계속 공부를 하며 어떤 곳인가를 더욱더 빠삭하게 알 정도로 할 것입니다. 저의 끈기를 믿어주십시오. (×)

☑ 저의 열정을 믿고 뽑아주셨으면 좋겠습니다. ○○사에 피해가 되지 않는 사원만큼은 될 수 있습니다. (×)

☑ 저는 집에 있는 강아지를 무척 사랑합니다. 그래서 "건강하고 더 오래 키워야겠다"라는 생각으로 강아지에 대한 전문지식을 쌓게 되었습니다.

책은 물론 애견카페에 가입을 통해 지식을 쌓고 있고, 동물병원에서도 물어보고, 주로 인터넷을 통해 지식을 지금도 갖추고 있습니다.

저희 집 강아지는 지금까지도 아프지 않고 건강하게 잘 자라고 있습니다. 이렇듯 이전 ○○사를 사랑하는 가족처럼 생각하며 발전에 이바지 할 수 있도록 최선을 다해 노력할 것입니다. (×)

☑ 초등학교 시절 우리 가족은 시골의 작은 단독 주택에 살았습니다. 그 시절 바닷가인 그곳의 겨울은 유난히 추웠습니다. 그 당시 저에게는 고민이 있었는데 밤에 책을 읽다가 코끝이 땡땡 어는 추위를 뚫고 형광등을 끄는 일이었습니다. (×)

☑ 저는 절박합니다. 잘생기고 키가 크지도 않습니다. 게다가 나이도 많아서 31살입니다. 요즘 다시 취업 전선에 나서면서 조금만 더 키가 자랐으면, 어렸으면, 경력이 많았으면, 하다못해 어학연수라도 다녀왔더라면 하고 바라보기도 했지만 부질없는 일이란 걸 압니다. (×)

☑ 일반 지원자인 만큼 박사, 변리사, 변호사 못지않은 내실을 다지기 위해 독서를 꾸준히 하였습니다. (×)

☑ 어릴 때부터 정리를 잘하지 않았기 때문에 많은 가족들에게 혼나기 일쑤였습니다. 그래서 혼이 나지 않기 위해 제가 머문 자리를 청소하던 버릇이 어느새 습관이 되어 몸에 베어 버리게 되었습니다. (×)

☑ 무엇보다 어떠한 것이든 도전 정신과 열정이 뛰어나다고 자부하기 때문에 저를 반드시 채용하셔야 한다고 생각합니다. (×)

☑ 사실 남들보다 엄청나게 뛰어난 전문적인 지식을 가지고 있지는 않습니다. (×)

☑ ○○사가 가장 중요하게 생각하는 가치 중 한 가지의 가치에 특정하여 저의 장점을 말씀드리겠습니다. 대충 짐작하셨겠지만 그 한 가지는 바로 열정입니다. 살면서 어떤 일을 하든 늘 열정적으로 했습니다. 실제 주변에서 미쳤다는 소리도 들을 만큼 마치 삼국지에 나오는 조조처럼 어느 하나에 미치지 않고 살아온 적이 없습니다.
고등학교 때까진 공부에 미치고, 대학에 와서는 사람에 미치고, 여자에 미치고 술에 미치고, 경험에 미치고, 그 모든 과정을 통해 비록 남들보다 많은 스펙을 갖지는 못했지만 다양하고 특별한 경험을 얻을 수 있었습니다. 그 열정으로 온 힘을 다해 모든 과정에 부딪혀 ○○사의 발전에 미치도록 하겠습니다. (×)

☑ 처음에 고등학교에 입학하고 나서 저의 성적은 그렇게 좋지 않았습니다. 잘 해야 수도권의 중상위 대학을 들어갈 수 있는 정도의 수준이었습니다. 모의고사 계속해서 치루면서 성적이 꾸준히 나왔지만 반등하진 않았습니다. 그런 상황에서 이왕 대한민국에 남자로 태어난 이상 한국 최고의 대학에는 가야 하지 않겠냐는 지금 생각하면 무모한 결심을 하게 됐습니다.
하지만 일단 그렇게 크지만 확실한 목표를 세우고 나니 저의 생활은 180도 바뀌었습니다. 그 때부터 모든 공부를 수학능력시험에서 최고의 성과를 내기 위한 목적으로 한 것입니다. (×)

☑ 어린 시절 공부를 잘 한다는 이유로 따돌림을 당했습니다. (×)

☑ 구직활동을 하고 있었고 공고가 떠서 보게되었습니다. 또한 ○○○이라는 공기업은 회사가 없어질 위험이 없다고 생각해서 지원하게 되었습니다. (×)

☑ 어느 누구보다도 최선을 다해서 할것입니다. 제가 내세울 것이라곤 그거 하나이고 전부입니다. (×)

☑ 신선함을 느꼈습니다. (○)

☑ 기여할 수 있다고 생각합니다. (○)

☑ 스스로의 가치를 높일 수 있다는 점에서 입사를 지원하게 되었습니다. (○)

☑ 사소한 것에도 관심을 기울이는 노력을 통해 ○○사에서도 큰 성과를 이
룰것이라고 확신합니다. (○)

☑ 업무에 집중할 때는 집중해서 몰입하지만 쉬면 시간에는 사교성 있는 성
격으로 직원 분들과 좋은 관계를 만들어 갔습니다. (○)

☑ 특히 한국에서 경험하지 못할 다양한 활동을 하며 좀 더 강인하고 혁신적
인 사고를 할 수 있는 사람이 되고자 노력했습니다. (○)

☑ 누군가의 이야기를 들어 줄 때 진심으로 공감하고, 잘 웃으며 장단을
맞추다 보니 제게 고민을 털어 놓거나 상담을 요청하는 사람들이 많습
니다. (○)

☑ vision을 공유하며 열정을 가지고 함께 매진하면 성과를 이룰 수 있다
는 교훈을 얻을 수 있었습니다. (○)

☑ 저는 빨리 친해지기 위해 조급해 하기 보다는 인연의 끈을 만들기 위

해 노력했습니다. (○)

☑ 제 마음을 벅차게 했습니다. (○)

☑ 가슴으로 대하며 감동을 전하는 직원이 되겠습니다. (○)

☑ ○○사의 활동이 매력적으로 다가왔습니다. (○)

☑ 저는 일에 대한 강한 목표의식을 가지고 있습니다. (○)

☑ 큰 자부심을 가지고 국가 경제를 위해 일하고 싶습니다. (○)

☑ 도전이 제게 가져다 준 성취감과 자신감은 이내 '도전하면 무엇이든 이
룰 수 있다'라는 강인한 삶의 원동력이 되어주었습니다. 따라서 그 이후
로 모든 일에 적극적으로 임하고, 용기 있게 도전하는 태도를 가지게 되었
습니다. (○)

☑ 사내문화를 발전시키고 전파하는데 일조하겠습니다. (○)

☑ 이러한 실전 경험은 입사 시, 그 누구보다 빠르게 업무를 습득하고 이해
하는 데 도움이 될 것이라 자신합니다. (○)

☑ 세부 기획안을 작성하여 돌발상황별 대처방안까지 마련하였습니다. (○)

☑ SWOT 분석 등을 통해 기업의 발전을 예측하고 심도 있는 재무 지식
을 이용해 ○○사가 안정적이고 효율적으로 운용될 수 있도록 하겠습니
다. (○)

☑ 큰 자부심과 사명감을 가지고 일할 수 있다는 확신에 주저 없이 지원하였습니다. (○)

☑ 저만의 경쟁력을 쌓을 수 있게 되었습니다. (○)

☑ 새로운 방식과 과제에 대한 열정적인 자세만 있으면 창의적인 결과를 얻을 수 있음을 느낄 수 있었습니다. (○)

☑ 이곳에서 기본에 충실한 자세와 신뢰의 가치를 쌓을 수 있었습니다. (○)

☑ 사회에 첫 발을 내딛으며 가장 중요하게 생각한 가치는 국가와 사회에 공헌할 수 있어야 한다는 것입니다. (○)

☑ 경제신문을 읽으며 다른 관점으로 사회문제를 보았고, 경제를 기반으로 한 사회의 올바른 시스템이 우선해야 한다는 사실을 깨달았습니다. (○)

☑ ○○사에 지원하기까지 다소 많은 시간이 걸렸습니다. 그 만큼 제 자신이 원하는 업무가 무엇인지, 제가 하고 싶은 일이 무엇인지 정확히 알고 있습니다. (○)

☑ 저는 조직 충성도가 매우 높습니다. 그래서 어느 집단에 속하든지 조직이 저를 필요로 할 때 스스로를 희생할 줄 아는 태도를 갖추었습니다. 제가 가진 이러한 열정과 희생은 ○○사를 빛나게 하는 밑거름이 될 것입니다. (○)

☑ 직접 할당된 일이 아니더라도 먼저 나서서 한 덕에 인턴 초반, 수월하게 회사에 적응할 수 있었습니다. (○)

☑ ○○사는 기업의 성장을 추구하는 상생기관이므로 지역사회 공헌의 제 가치관과 부합한다고 판단하여 적극 지원하게 되었습니다. (○)

☑ 바꿔 보려 노력합니다. ○○사 인턴 중에는 메모습관을 발휘하여, 불편사항을 메모했다가 수시로 업무개선을 제안했습니다. 덕분에 본점 직원의 요청으로 영업점의 개선사항에 대한 모니터링을 하며 피드백 요원으로 활동했습니다.
이처럼 창의와 열정을 발휘하여 ○○의 발전을 이루겠습니다. (○)

☑ 이러한 노력들 덕분인지 ○○사에서도 좋은 평가를 해 주서서 최종적으로는 우수 인턴으로 선발되어 보람도 컸습니다. (○)

☑ 개인의 성장이 조직과 더불어 사회를 발전시킬 수 있는 곳에서 일하고 싶습니다. ○○사는 우리 경제의 근간이 되는 중소기업의 든든한 동반자로 기술혁신형기업을 적극 지원하며 신 성장 동력 확보에 앞장서 왔습니다. 국가 경제의 미래를 책임지는 ○○사의 일원으로 의미 있는 성장을 함께하고 싶어 지원하였습니다. (○)

자소서 레시피 노하우

MANUAL
06

실패하는 요리 레시피가
되지 않기 위한 Tip

실패하는 요리 레시피가
되지 않기 위한 Tip

 1 **절대 밤에 작성하지 마라!**

대부분의 취업준비생은 자기소개서를 밤에 씁니다.

이때 어떤 문제점이 발생할까요?

밤에 자기소개서를 쓰면 나도 모르게 전체적인 내용이 감성적이고 설명 위주의 나열식 형태로 나타납니다. 책상 앞에 홀로 앉아 스탠드를 켜놓고 조용한 분위기에서, 더군다나 비라도 추적추적 내리는 날이면 말 그대로 분위기에 도취하여 감성적으로 자기 고백을 하게 됩니다. 눈가에는 눈망울까지 촉촉하게 맺히면서 말입니다.

기업은 지극히 이성적인 집단입니다.

기업의 결재서류는 1~2장으로 압축되어 결재판에 끼워집니다.

Back-Data가 수백 장이 되더라도 이는 한두 장으로 축소되어 보고되는데,

이때에도 보고서는 설명식 또는 나열식으로 풀어나가는 것이 아니라, 결론을 먼저 말하고 도표나 그래프를 이용하여 정량화시킨 데이터를 근거로 제시합니다.

기업의 인사평가제도 역시 마찬가지입니다.
많은 기업들에서 사용하고 있는 MBO(목표관리제도), KPI(핵심성과지표), BSC(균형성과평가제도) 등은 대부분 정량화하여 목표를 세우고 이의 달성 여부를 지속해서 점검하는 것입니다.

채용담당자 역시 이러한 기업의 보고서 및 인사평가제도 등에 익숙해져 있기 때문에 길게 풀어쓰는 자기소개서, 결론이 나중에 나오는 자기소개서, 숫자가 보이지 않는 자기소개서 등은 채용담당자의 관심을 끌지 못합니다.

결론적으로 자기소개서는 밤에 쓰지 않는 것이 좋으며, 화창한 아침이나 밝은 낮에 써야 이성적인 자기소개서를 쓸 수 있습니다.

Recipe Know-how 2 항상 긍정적이고 기분 좋을 때 작성하라!

얼마 전 서울의 유명 사립대학교에서 자기소개서 컨설팅을 하던 도중 놀라운 일이 있었습니다.

취업준비생은 지금까지 20여 차례 대기업에 입사지원을 했는데, 공기업 2곳을 제외하고는 모두 서류전형에서 탈락하였다는 것이었습니다.

자소서를 요리하라

그 이유를 도무지 알 수 없다며 기존에 작성한 이력서와 자기소개서를 가져 왔습니다.

기본적인 스펙들을 점검한 결과 겉보기에는 서류전형을 통과하지 못할 이유 가 없었습니다.

이후 자기소개서 내용을 읽어 내려가자 왠지 이상한 느낌이 들었습니다. 자 기소개서를 작성하면서 사용한 단어나 문장들이 상당히 부정적인 것들이었습 니다.

500자로 제한된 약 6줄 정도 되는 짧은 기술 내용에 다음과 같은 5가지 단 어가 보였습니다.

① 나태해진
② 근시안적인
③ 방황
④ 반성
⑤ 공허함

혹시 자기소개서를 쓰기 전에 무슨 일이 있었냐고 조심스럽게 묻자, 자기소 개서를 쓰기 얼마 전 남자친구와 심하게 말다툼을 했다고 답했습니다.

그렇습니다.

자기소개서를 쓸 때는 항상 좋은 기분을 가지고 써야 합니다. 나도 모르게 우리 몸이 반응하여 거기에 맞는 문장 혹은 단어들을 생성하는 것이다.

몇 년전 한글날 특집으로 MBC에서 방영된 내용을 소개하겠습니다.

20대의 남녀 10여 명을 두 그룹으로 나누어 한 그룹에는 노인을 연상시키는 30개의 단어카드를 보여주고, 이중에 몇 개의 카드를 고른 후 사회자와 선택한

카드와 관련하여 간단한 토론을 하고 돌려보냈습니다.

다른 한 그룹은 청년을 나타내는 30개의 단어카드를 보여주고, 역시 토론 후 돌려보냈습니다.

두 그룹 모두 토론 전에 MBC 로비에 청테이프로 40m 간격의 표시를 하고, 이곳을 지나쳐 들어오고 나가게 하였는데, 실험참가자들은 모두 이사실을 사전에 알지 못했습니다.
제작진은 이곳을 들어올 때의 시간과 토론 후 이곳을 지나쳐 나갈 때의 시간을 꼼꼼하게 초시계로 쟀던 것입니다.

결과는 놀라웠습니다.
노인을 연상시키는 단어카드를 보여주고 토론 후 돌려보낸 그룹의 MBC 로비 40m 간격의 통과시간은 들어올 때 보다 토론 후 나갈 때의 걸음걸이 시간이 약 3초 이상 느려졌습니다.

청년을 연상시키는 밝은 내용의 단어카드를 보여준 그룹의 40m 통과시간은 오히려 약 3초나 빨라졌습니다. 이러한 사실들에 대해 실제 실험참가자에게 인터뷰를 통해 결과를 말해주고, 눈치챘는지 아닌지를 묻자 본인들은 전혀 느끼지 못했다고 답했습니다.

이 실험에서 보듯이 긍정적인 생각이 긍정적인 행동을 낳는다는 것을 알 수 있습니다. 자기소개서는 긍정적인 생각을 가지고 기분 좋을 때 써야 합니다. 부정적인 내용을 선호하고 부정적인 사람을 면접에서 보고 싶어하는 채용담당자는 없습니다.

자소서를 요리하라

지금까지 저는 이 책에서 자기소개서를 맛있게 요리하는 다양한 비법들을 여러분께 전해드렸습니다.
　이제부터는 여러분이 지금까지 전수해드린 비법과 노하우를 바탕으로 직접 자신의 자기소개서를 요리해 보시기 바랍니다.

　물론 중간 중간에 매뉴얼대로 아니면 레시피대로 하지 않아 시행착오를 겪을 수 도 있지만, 차근차근 매뉴얼과 레시피대로 작성한다면 분명히 훌륭하고 맛있는 여러분만의 자기소개서 요리가 완성될 것이라고 확신합니다.

　취업에 있어 가장 중요한 것은 나 자신을 믿고 열정을 가지고 끊임없이 도전하는 것입니다.
　"지금까지 잘 해온 것처럼 앞으로도 잘 할 수 있다"라는 믿음을 가지고 열정적으로 도전하세요.

　여러분들을 끝까지 응원하겠습니다.

자소서를 요리하라

초판 인쇄   2015년 1월 2일
초판 발행   2015년 1월 5일

지 은 이   심영섭
발 행 인   김인철
발 행 처   한국외국어대학교 지식출판원
　　　　　130-791 서울특별시 동대문구 이문로 107
　　　　　전화 02)2173-2495~7
　　　　　팩스 02)2173-3363
　　　　　홈페이지 http://press.hufs.ac.kr
　　　　　전자우편 press@hufs.ac.kr
　　　　　출판등록 제6-6호(1969. 4. 30)
편집·디자인   (주)이환디앤비 02-2254-4301
인쇄·제본   현문자현 031-902-1424

ISBN 978-89-7464-951-7   13320　　　정가 14,000원

HUฺNฺ은 한국외국어대학교 지식출판원의 어학 및 사회과학도서 Sub
Brand이다. 한국외대의 영문명인 HUFS, 현명한 국제전문가 양성의
(International+Intelligent)의 의미를 담고 있으며, 휴인(携引)의 뜻인 '이끌
다, 끌고 나가다'라는 의미처럼 출판계를 이끄는 리더로서, 혁신의 이미지
를 담고 있다.